Barbara Stock · Erfolgsbuch Arbeitsanleitungen für die Hauswirtschaft

BARBARA STOCK

Erfolgsbuch

Arbeitsanleitungen für die Hauswirtschaft

5., überarbeitete Auflage 1993

5., überarbeitete Auflage 1993

Gesamtherstellung: **H.** Holzmann Druck, Bad Wörishofen
Einbandgestaltung: Graphiker Hans Holzmann, Bad Wörishofen
Art.-Nr. 2264
ISBN 3-7783-0343-0
Printed in Germany

Vorwort zur 5., überarbeiteten Auflage

Mit den überarbeiteten „Arbeitsanleitungen für die Hauswirtschaft" wurden nicht nur für Auszubildende und AusbilderInnen in hauswirtschaftlichen Berufen Techniken, Methoden und Regeln zusammengetragen, die ein folgerichtiges Arbeiten erst ermöglichen. Die vorangegangenen vier Auflagen haben gezeigt, daß sie sich besonders auch für diejenigen Hausfrauen und Hausmänner bewährt haben, denen es bisher schwergefallen ist, den Arbeitsplatz „Haushalt" zu planen und zu organisieren.
Dem Benutzer dieses Buches wird sehr schnell deutlich, daß eine gewisse Systematik in der Arbeitsgestaltung und im Arbeitsablauf unerläßlich ist, damit Fehlentscheidungen vermieden werden. Gliederung und Aufbau der Anleitungen erleichtern die Durchführung der Arbeiten, da Zeitabläufe und Arbeitsschritte genau festgelegt sind. Die Beschreibung wird durch Zeichnungen ergänzt.
Sicherlich werden die in der Praxis verbreiteten sporadischen Einfälle und das reine Ausprobieren auch in Zukunft von nicht unerheblicher Bedeutung sein. Sie können jedoch nur dann sinnvoll sein, wenn sie sowohl in organisatorischer als auch in technologischer und arbeitsphysiologischer Hinsicht erfolgreich sind.
Dem großen Kreis interessierter Anwender, die in den vergangenen Jahren durch ihre Zustimmung, Kritik und ihre Wünsche zur Überarbeitung beigetragen haben, möchte ich an dieser Stelle herzlich danken.

Barbara Stock

Im Juli 1993

Barbara Stock

Geleitwort zur 5., überarbeiteten Auflage

Rationelle Haushaltsführung ist wichtiger als je zuvor.
Die vorliegenden Arbeitsanleitungen für die Hauswirtschaft sind hilfreich für die eigene tägliche Hausarbeit und für die Ausbildung in hauswirtschaftlichen Berufen.
Viele Frauen (und einige Männer) wollen heute Erwerbsberuf und Haushaltsführung in gedeihlicher Weise miteinander vereinbaren. Unrationelles Arbeiten stiehlt kostbare Freizeit, verschwendet Kräfte und Mittel.
Diesem Buch liegen Arbeitsanleitungen zugrunde, die der Deutsche Hausfrauen-Bund e. V. vor Jahren selbst herausgegeben hat.
Die lebhafte Nachfrage führte zur Buchform. Die Arbeitsanleitungen liegen jetzt in der 5., sorgfältig überarbeiteten Auflage vor.
Seinen Wert hat dieses Buch in der Praxis bewiesen.
Ich kann es allen Haushaltsführenden nur empfehlen.

Siglinde Porsch

Bonn, im Juli 1993

Siglinde Porsch
Präsidentin des DHB

Inhaltsverzeichnis

3 Wäschepflege

4 Nahrungsmittelzubereitung

1 Allgemeines

1.1 Maßnahmen zur Arbeitsorganisation, zur Arbeitsplanung und zur Auswahl der Arbeitsmethode

LERNABSCHNITT	ARBEITSABLAUF

Arbeitsorganisation

1. Vor der Arbeit nachdenken und folgendes überlegen:
   - **Was** soll erledigt werden?
   - **Warum** soll die Arbeit erledigt werden?
   - **Wer** soll die Arbeit erledigen?
   - **Wo** soll sie erledigt werden?
   - **Wie** soll sie erledigt werden?
   - **Wann** soll sie erledigt werden?
   - **Womit** soll sie erledigt werden?
   - **Wie** soll das Ergebnis aussehen?
2. Entscheidungen treffen, welche Arbeiten unbedingt erledigt werden müssen.
3. Alle Arbeiten und sonstigen Tätigkeiten durchdenken, ordnen, planen und einteilen.
4. Einzelne Tätigkeitsbereiche gegeneinander abmessen, so daß Einzelarbeiten ineinander übergreifen und ein reibungsloser und flüssiger Arbeitsablauf entsteht.
5. Arbeitskräfte nicht überfordern.
6. Betriebsmittel (technische Hilfsmittel und arbeitserleichternde Geräte) wirtschaftlich einsetzen.
7. Jede Arbeitsmethode, Arbeitsorganisation und Arbeitsgestaltung kritisch beobachten, um sie gegebenenfalls zu verbessern (6-Stufen-Methode/REFA-Standardprogramm).

Arbeitsplanung

1. Dauer der Tätigkeits- und Wartezeiten genau überlegen.
2. Anfallende Wartezeiten möglichst gering halten (evtl. für andere Arbeiten nutzen).
3. Schwere Arbeiten mit leichten abwechseln.
4. Biologisches Leistungsprinzip beachten.
5. Pausen einplanen.
6. Möglichst gleiche Arbeiten (z. B. Fensterputzen, Staubsaugen) zusammenlegen, darauf achten, daß ein Raum empfangsbereit sein muß (z. B. für überraschenden Besuch, Vertreterbesuche u. ä.).

7. Nicht die gesamte Zeit verplanen, Freiraum für unvorhergesehene Unterbrechungen oder zusätzlich anfallende Arbeiten lassen.

Arbeitsmethode = Regeln zur Ausführung des Arbeitsablaufes durch den Menschen bei einem bestimmten Arbeitsverfahren

1. Wege sparen (nicht nur Fußwege, sondern auch alle Bewegungen wie Steigen, Recken, In-die-Hocke-Gehen u. ä.).
2. Planmäßig arbeiten (z.B. Rezept zunächst gründlich durchlesen, Betriebsmittel und Arbeitsgegenstände vollständig zusammenholen, abwiegen, abmessen).
3. Günstige Arbeitsbedingungen schaffen (Arbeitsplatz sinnvoll einrichten, Licht, Temperatur, Luft u. a. beachten).
4. Sinnvolle Arbeitsmethoden anwenden (siehe später).
5. Sauber und ordentlich arbeiten.
6. Arbeitsplatz sauberhalten, zwischendurch nicht mehr benutzte Betriebsmittel und Arbeitsgegenstände wegräumen.
7. Zeit sparen.
8. Energie und Wasser sparen.
9. Kraft sparen durch geeignete technische Hilfsmittel, Ändern der Arbeitshaltung (Möglichst im Sitzen arbeiten. Nur bei Arbeiten, die viel Kraft oder Platz erfordern oder weniger als 5 Minuten dauern, stehen).
10. Auf den Greifbereich am Arbeitsplatz achten.
Innerer Greifraum: Häufig benötigte Gegenstände gehören in den inneren Greifraum.

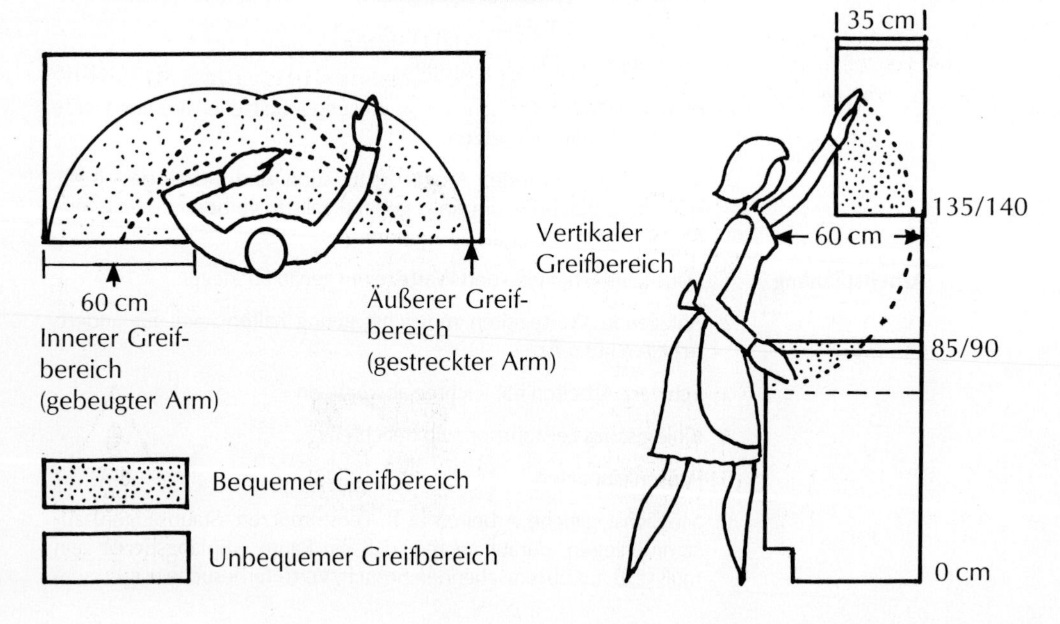

Äußerer Greifraum: Nicht so häufig gebrauchte Gegenstände gehören in den äußeren Greifraum.
Senkrechter Greifraum: Häufig benötigte Geräte sollen innerhalb des senkrechten Greifraumes angeordnet werden.

11. Rechtshänder sollten allgemein von rechts nach links arbeiten.
12. Bei Linkshändern ist es umgekehrt.

1.2 Maßnahmen zum Arbeitsschutz

UNFALLURSACHEN	MASSNAHMEN ZUR VERHÜTUNG
Müdigkeit, Nervosität, Kummer, Eile, Übermut u. ä.	1. Schwierige Arbeiten vermeiden. 2. Zeiten geringer Leistungsfähigkeit mit Routinearbeiten ausfüllen oder als Pausen nutzen.
Mangelnde Unterweisung	1. Vollständige Unterweisung im Umgang mit den Betriebsmitteln (Maschinen, Werkzeuge u. ä.) und den Arbeitsgegenständen. 2. Auf die Besonderheiten der Betriebsmittel und Arbeitsgegenstände hinweisen.
Organisatorische Mängel	1. Arbeit nach vorhergehender, gut überlegter Planung ausführen. 2. Zu hohe Leistungsanforderungen vermeiden. 3. Genügend Zeit zur Verfügung stellen.
Mißachtung von Anweisungen und Vorschriften	1. Unfallverhütungsvorschriften kennen. 2. Nur Arbeitsmittel verwenden, die ein Prüfzeichen haben (z. B. VDE-, TÜV- u. a. Zeichen).

Beispiele:

Sicherheitszeichen des Verbands Deutscher Elektrotechniker

Funkschutzzeichen

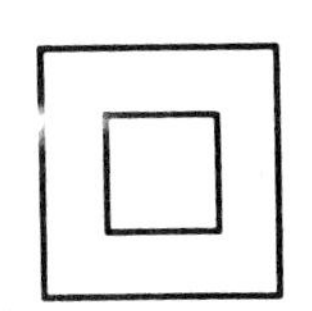
Schutzisolierungszeichen

GS-Zeichen

TÜV-Zeichen

Spritzwassergeschützt nach VDE 0710

3. Bedienungsanleitungen für alle Betriebsmittel beachten.
4. Abfälle ordnungsgemäß beseitigen (z. B. keine glimmenden oder glühenden Abfälle in den Müllbehälter bringen).
5. Nicht in Scherben greifen. Sofort auffegen und in den Mülleimer, nicht in den Müllsack schütten.
6. Allesschneider an einem arbeitsgünstigen Platz belassen, auf Stand- und Rutschfestigkeit achten. Schlitten, Fingerschutz und Restehalter benutzen, Krümel mit Pinsel entfernen.
7. Bei Benutzung von gefährlichen Arbeitsstoffen die Gefahrenkennzeichnung beachten (z. B. ätzend, giftig, Explosionsgefahr u. ä.).

1 ätzend
2 brandfördernd
3 giftig
4 reizend
5 gesundheitsschädlich
6 leicht entzündlich
7 explosionsgefährlich

8. Gefährliche Arbeitsstoffe nicht in Getränkeflaschen umfüllen, vor Kindern sichern.
9. Verschüttetes sofort entfernen.

10. Unfälle in Zusammenhang mit Strom vermeiden, z. B.:
    - elektrische Geräte und ihre Zuleitungen nicht mit feuchten Händen oder nassem Untergrund in Berührung kommen lassen
    - Geräte nach Gebrauch vom Stromnetz lösen
    - Geräteleitungen vor Abknicken und Temperatureinwirkungen (heiße Herdplatten!) schützen
    - schadhafte Leitungen, Stecker, Schalter sofort vom Fachmann reparieren lassen
    - vor dem Umrüsten und Reinigen von elektrischen Geräten unbedingt den Netzstecker ziehen, nicht daran reißen
    - »kribbelt« ein elektrisches Gerät, sofort aus der Hand legen, notfalls die gesamte Anlage ausschalten
    - auf die Einhaltung der KB-Zeit achten
    - Glühlampen nur bis zur vorgeschriebenen Wattzahl verwenden
    - Leuchten ausschalten, wenn Glühlampen ausgewechselt werden. Beim Herausdrehen festsitzender Glühlampen geeignete Handschuhe tragen.
11. Arbeiten mit brennbaren Flüssigkeiten nur nach Vorschrift in gut durchlüfteten Räumen durchführen. Kein offenes Feuer in der Nähe!
12. Drucktöpfe nie zu voll füllen und nicht mit Gewalt öffnen. Hinweise des Herstellers genau beachten.
13. Heiße Töpfe, Pfannen, Bleche nur mit trockenen Topflappen anfassen.
14. Topfgriffe und Pfannenstiele auf dem Herd immer nach hinten zeigen lassen.
15. Fettbrände nie mit Wasser löschen, sondern ersticken.
16. Beim Übergreifen auf die hinteren Herdplatten auf heiße, die Hand leicht verbrühende Kochdämpfe achten.
17. Beim Schwenken oder Gießen von heißen Lebensmitteln größte Vorsicht vor Wasserdampf walten lassen.
18. Beim Hantieren mit heißen Geräten beide Hände benutzen.
19. Zum Wenden von Braten zwei Bratenwender (für die rechte und die linke Hand) benutzen.
20. Nie in rotierende Maschinenteile greifen (zum Eindrücken von Füllgut in den Fleischwolf u. ä.), keine spitzen metallenen Gegenstände verwenden.
21. Betriebsmittel nur »bestimmungsgerecht« verwenden.
22. Heißwassergeräte nach dem Benutzen grundsätzlich auf »kalt« zurückstellen.
23. Auf die nach DIN-Normen festgelegten Kennzeichnungsfarben achten (z. B. Rot = Gerät ist defekt, Grün = Gerät startbereit).

24. Gartengeräte nie achtlos herumliegen lassen, Zinken, Blätter und Spitzen immer nach unten und in Richtung Wand aufstellen.
25. Beim Schneiden auf trockene Hände und trockene, fettfreie Griffe achten.
26. Nie zum Körper hin schneiden.
27. Niemals in der Handfläche schneiden.
28. Fallenden Messern nicht nachgreifen.
29. Messer nicht in Wasser oder Abfallschüssel liegenlassen.
30. Messer in Geschirrspülmaschine mit der Klinge nach unten (wie andere spitze Gegenstände) einordnen.

Mangelhafte Betriebseinrichtungen

1. Bei Neuanschaffungen stets auf Sicherheitskennzeichen achten.
2. Auf ausgebohnerte Fußbodenflächen achten (je weniger Wachs, desto besser).
3. Treppenstufen stumpf halten.
4. Lose Fußbodenbeläge sichern.
5. Treppenstufen nicht als Abstellfläche benutzen, auf Sauberkeit achten.
6. Auf ausreichende Beleuchtung achten (Treppen, abknickende Durchgänge, Stufen, hervorstehende Kanten).
7. Beleuchtungsstärke unbedingt der Art der Arbeit und dem Alter des Menschen anpassen.
8. Taschenlampe als Notbeleuchtung (keine Kerzen) an einem bestimmten Platz aufbewahren.
9. Bodentreppen ausreichend sichern (Luke, Geländer, Halterungen u. ä.).
10. Beim Begehen von Treppen Handlauf benutzen.
11. Regale und Anbauwände nicht zu stark und ungleichmäßig belasten (schwere Gegenstände gehören nach unten!).
12. Hängeschränke nicht an häufig begangenen Wegen in Wohnung, Keller usw. anbringen, auf Schulterfreiheit achten. Türanschlag niemals in den Gehbereich. Auf sichere Befestigung achten.
13. Keine Möbel mit »scharfen« Ecken und Kanten in »Verkehrswegen« aufstellen.
14. Nichts so verstellen, daß man, aus dem hellen Raum kommend, im Dunkeln darüber fallen könnte.
15. Glastüren werden leicht übersehen, deshalb markieren. Sicherheitsglas verwenden.

16. Stufenleitern, keine Sprossenleitern anschaffen, auf Rutschfestigkeit und sichere Anlehnungsmöglichkeiten achten.
17. Steckdosen in Naßräumen und auf Terrassen müssen einen festen Deckel haben.
18. Steckdosen müssen unbedingt fest angebracht sein, am besten Unterputzsteckdosen.
19. Medikamente und Chemikalien an einem bestimmten, Kindern unzugänglichen Platz aufbewahren.
20. Inhalt der Hausapotheke kontrollieren, Verfalldatum beachten, Reste zur Apotheke bringen.
21. Regelmäßige Prüfung auf Funktionsbereitschaft des Feuerlöschers.
22. Auf behagliche Raumtemperatur achten.
23. Unnötigen und dauerhaften Lärm vermeiden.

Materialfehler, Verschleiß

1. Defekte Betriebsmittel sofort aussortieren, evtl. vom Fachmann reparieren lassen.
2. Lockere Griffe befestigen.
3. Kein schadhaftes Glas oder Geschirr verwenden, sofort aussortieren.
4. Mangelhafte Instandhaltung grundsätzlich vermeiden.
5. Keine provisorischen Lösungen zulassen.

Fehlerhafte Bekleidung und Körperschutz

1. Im Haus möglichst flache Schuhe mit rutschhemmender Sohle tragen.
2. Beim Grillen Handschuhe benutzen.
3. Bei der Hausarbeit enganliegende Kleidung, die ausreichende Bewegungsfreiheit zuläßt, tragen.
4. Lang herunterhängende Schürzenbänder, abstehende Taschen, weite Ärmel u. ä. bei der Kleidung vermeiden.
5. Lange Haare durch Kopfbedeckung schützen.
6. Schlichte und genügend große Kopfbedeckung tragen.
7. Schmuck ablegen.
8. Topflappen verwenden.
9. Bei bestimmten Arbeiten Gummihandschuhe benutzen.

Mangel an Übersicht

1. Genaue Kenntnis der Bedienungsanleitung.
2. Genaue Kenntnis der Gefahrenhinweise und Fluchtwege.
3. Gespür für Risiko schärfen (Unfälle sind keine Zufälle!).

UNFALLURSACHEN	MASSNAHMEN ZUR VERHÜTUNG

4. Ordnung und Sauberkeit am Arbeitsplatz.
5. Alles aus dem Weg räumen, was Stolpern, Umknicken, Ausgleiten o. ä. verursachen könnte.
6. Andere nicht gefährden durch Ablenkung, Herumlaufen mit gefährlichen Betriebsmitteln (z. B. spitzen Messern).
7. Auf vorbildliches Verhalten achten (Sicherheitsvorschriften und Arbeitsvorschriften beachten).
8. Sich über Unfallgefahren, Schutzmaßnahmen und Gesetze informieren.
9. Zur Sicherheit erforderliche Beschwernisse auf sich nehmen.
10. Arbeitsplatz systematisch auf Unfallgefahren hin überprüfen.

Falsches Verhalten bei unerwartet auftretenden Ereignissen

1. Nicht in Panik geraten.
2. Erkannte Gefahren durch lautes Ausrufen melden bzw., wenn möglich, sofort beseitigen, z. B.:
   - Stecker bei Stromschlag sofort herausziehen
   - Brände sofort ersticken, Zugluft unterbinden
   - brennendes Fett vollständig abdecken
   - bei Gasgeruch Fenster öffnen, Haupthähne schließen, keine offene Flamme und keine elektrischen Geräte benutzen
   - bei brennenden Elektrogeräten Stecker ziehen, dann kann mit Wasser gelöscht werden
   - mit brennenden Kleidern nicht wegrennen, auf dem Boden wälzen oder Feuer mit Decke ersticken.
3. Wenn ein Unfall geschehen ist, Auskunft darüber geben können:
   - Wo geschah der Unfall?
   - Was geschah dabei?
   - Wieviel Verletzte (insbesondere lebensgefährlich Verletzte) sind daran beteiligt?
   - Wer meldet den Unfall?

1.3 Maßnahmen zum Hygieneschutz

LERNABSCHNITT	ARBEITSABLAUF

Persönliche Hygiene

Allgemein: Vor jeder Arbeitsaufnahme muß jeder in der Großküche Tätige (auch kurzfristig eingesetzte Aushilfskräfte) ein gültiges Gesundheitszeugnis besitzen.

1. Dem verantwortlichen Leiter müssen gemeldet werden:
   - Durchfall
   - Übelkeit und Erbrechen

- Hauterkrankungen
- Wunden: eiternde und ganz allgemein
- stärkere Erkältungen mit Husten und eiterndem Ausfluß aus der Nase.

2. Betriebsfremden ist der Zugang zu den Zubereitungsräumen zu untersagen.

3. **Körperhygiene**

- tägliche gründliche Reinigung des gesamten Körpers
- mehrmalige gründliche Mund- und Zahnpflege
- das Sauberhalten von Kopf- und evtl. Barthaaren
- Pflege der Fingernägel:
  - frei von Schmutz
  - kurzgeschnitten
  - ohne Nagellack
- Ablegen von jeglichem Schmuck an Fingern, Händen und Unterarmen
- Sauberhalten der Hände durch zweimaliges Waschen mit warmem Wasser, Finger mit der Handbürste reinigen (vor jeder Küchenarbeit, nach dem Anfassen von äußerem Verpackungsmaterial, von normal verschmutzter Rohware, nach Reinigungsarbeiten und vor allem nach dem Toilettengang)
- Abtrocknen mit einem Einmalhandtuch (aus Abrollautomaten), mit Einweghandtüchern aus Papier oder mit Heißlufttrocknern
- kleinere Verletzungen an Fingern und Händen mit einem antiseptisch wirkenden Mittel behandeln und anschließend mit einem dichtsitzenden und wasserfesten Schutzpflaster abdichten, evtl. Fingerlinge oder Einweghandschuhe überstreifen
- Finger und Hände nicht ablecken, sondern abwaschen, nicht abwischen
- beim »Probieren« Kochlöffel verwenden
- beim Niesen oder Husten die Hand vor Nase und Mund halten, anschließend waschen
- saubere Arbeits- und Schutzkleidung tragen (Kittel, Schürzen)
- Straßenkleidung und Straßenschuhe nicht im Großküchenbereich und in der Vorratshaltung tragen
- Haare mit einer geeigneten Kopfbedeckung (Kopftuch oder Kopfhaube) abdecken
- private Kleidung, Schuhe, Taschen in gesonderten, gut durchlüfteten Räumen aufbewahren, nicht im Großküchenbereich oder in der Vorratshaltung.

LERNABSCHNITT	ARBEITSABLAUF

Lebensmittelhygiene

1. Nach dem Einkauf Fleisch, Fisch u. ä. aus dem Papier nehmen, im Vorratsbehälter in den Kühlschrank legen, abdecken und dort bis zur Weiterverarbeitung lagern.
2. Behälter, in denen Lebensmittel aufbewahrt werden, regelmäßig reinigen.
3. Lebensmittel in der Küche abdecken und abgedeckt in den Kühlschrank stellen.
4. Nicht verbrauchte Lebensmittel kühl oder kalt stellen, nicht im warmen Raum stehenlassen.
5. Lagerung von Vorräten nur in speziellen Räumen und dafür vorgesehenen Lagerungsmöglichkeiten.
6. Vorgesehene Lagertemperatur und -zeit einhalten.
7. Mindesthaltbarkeitsdatum beachten, im Verdachtsfall **keine** Verarbeitung.
8. Leicht verderbliche Lebensmittel sofort verarbeiten (z. B. Hackfleisch).
9. Auftauflüssigkeit, insbesondere von tiefgefrorenem Geflügel, sorgfältig beseitigen, Geräte heiß auswaschen.
10. Warmhalten von Lebensmitteln vermeiden (besser erneutes Erwärmen im Mikrowellengerät).
11. In der Großküche dürfen ausgegebene, jedoch nicht verzehrte Speisen nicht wieder verwendet werden.
12. Behälter für Abfälle müssen mit einem Deckel versehen sein, häufig leeren, Reinigung nach jeder Leerung.
13. Aufgetaute oder nur kurzzeitig aufgetaute TK-Kost, die nicht am gleichen Tag weiter verbraucht wird, muß am selben Tag in Schnellgefrierfächern wieder eingefroren werden.
14. Speisen und Zubereitungen aus tiefgefrorener Rohware können nach dem Garen und raschen Abkühlen wieder tiefgefroren werden.
15. Kartoffeln, Gemüse, Obst im Durchschlag oder in der Schüssel vor dem Schälen und ein zweites Mal vor dem Zerkleinern waschen.
16. Kartoffelsalat ist ein bakteriologisch anfälliges Produkt. Daher möglichst manuelle Behandlung vermeiden, Zusatz von blanchierten Zwiebeln empfehlenswert, frische Gurken nur geschält verwenden.

LERNABSCHNITT	ARBEITSABLAUF

Hygiene am Arbeitsplatz

1. Bei Anschaffung von Geräten auf problemlose Reinigungsmöglichkeiten achten.
2. Oberflächen von Einrichtungen, die mit Lebensmitteln in Berührung kommen, müssen vom Material und von der Beschaffenheit her dafür geeignet sein, glatt, verschleißfest, leicht zu reinigen, korrosionsbeständig, gegen chemische Einwirkungen und Reinigungsmittel beständig und frei von Fremdgeruch und von physiologisch bedenklichen Farbstoffen sein. Am besten geeignet ist Edelstahl.
3. Fußböden, Fenster, Türen und Wände sind auch an schwer zugänglichen Stellen gründlich zu reinigen.
4. Herde, Kühlgeräte und Schränke innen und außen regelmäßig mit geeigneten Mitteln reinigen.
5. Abflüsse, Gitter, Roste und Abzüge evtl. demontieren, gründlich reinigen.
6. Arbeitsflächen sofort nach Arbeitsschluß von Spritzern, Abfällen, Resten, Krümeln und Ablagerungen durch Küchendunst befreien.
7. Sauber arbeiten, keine Unordnung zulassen.
8. Schüsseln für Abfälle bereitstellen.
9. Abfälle nicht auf der Arbeitsfläche liegenlassen, insbesondere von Fleisch, Fisch, Geflügel und rohen Eiern.
10. Löffeltopf rechts neben der Herdplatte abstellen und benutzen.
11. Keine grobporigen Holzbretter für die Zubereitung verwenden.
12. Eßgeschirr und Besteck sind vorzugsweise in der Geschirrspülmaschine zu reinigen, manuelles Nachtrocknen vermeiden.
13. Bei evtl. manuellem Abwasch erst mit heißem Wasser, Spülmittel und Bürste reinigen, dann mit heißem Wasser nachspülen.
14. Töpfe, Pfannen und Bleche gründlich reinigen.

16\. Mülleimer leeren, säubern und mit einem Müllbeutel auslegen.

16\. Jedesmal saubere Tücher und Lappen verwenden, die nach Gebrauch bis 95 Grad Celsius gewaschen werden können.

17\. Handtücher (weiß) nur für die Hände, Geschirrtücher nur für das Geschirr verwenden.

1.4 Maßnahmen zum Umweltschutz

(Einsatz umweltfreundlicher Mittel bei Hausarbeiten – vgl. die vom Verbraucherdienst empfohlenen Mittel.)

LERNABSCHNITT	ARBEITSABLAUF
Spülen (Hand)	1. Nicht unter laufendem Wasser spülen.
	2. Zur letzten Spülung klares Wasser verwenden.
	3. Spülmittel sparsam dosieren, kleine Öffnung in Vorratsbehälter schneiden.
	4. Bei Entfernung wasserlöslicher Substanzen (Zucker, Salz, Fruchtsäuren, viele Farbstoffe und frisches Hühnereiweiß) kann auf Spülmittel ganz verzichtet werden, ebenso bei der Reinigung von Saft-, Bier- und Weingläsern.
Spülen (Maschine)	1. Dosierung genau beachten.
	2. Nur spülen, wenn es sich lohnt.
	3. Auf den Vorspülgang kann man verzichten, der Reinigungseffekt wird dadurch nicht spürbar erhöht, wohl aber der Energie- und Wasserverbrauch.
Haushaltsreiniger	1. Für harmlosen Schmutz gibt es oft harmlosere Mittel (z. B. Schmierseife, Neutralreiniger, Soda, einfache Spülmittel).
Allzweckreiniger	1. Allzweckreiniger sind keine Wundermittel, machen aber viele Spezialmittel überflüssig.
	2. Sprühreiniger mit Treibgas und Schaumreiniger sind nicht nur teuer, sondern auch umweltbelastender als Reiniger in Pulverform, Flüssigreiniger oder mit Pumpzerstäuber.
Scheuermittel	1. Auf Bestandteile achten: z. B. Tenside, Salze, Quarzsand oder Marmormehl, Bleichmittel, Chlor, Duftstoffe.
Spezialreiniger	1. Die meisten Mittel sind überflüssig.
	2. Die wenigsten sind wichtig.
	3. Alte Hausmittel nicht außer acht lassen (z. B. kann Rohrreiniger häufig durch die Saugglocke aus Gummi ersetzt werden).
Sanitärreiniger	1. Bürste und Essigwasser reichen meistens aus, um Kalk- und Eisenablagerungen in Toilettenbecken zu entfernen; daher nicht gleich zu aggressiven Reinigungsmitteln greifen, die die Gesundheit gefährden und die Umwelt stark belasten.
	2. Allzweckreiniger sind für die WC-Hygiene vollkommen ausreichend; daher auf gefährliche Sanitärreiniger verzichten. Diese können eine lebensgefährliche Wirkung entwickeln, wenn stark alkalische Chlorreiniger mit chemisch sauren Produkten gleichzeitig angewendet werden.

3. Sanitärreiniger dürfen nicht mit Emaille in Berührung kommen, sie greifen Toilettendeckel aus Holz an.
4. Beckensteine gegen WC-Gerüche belasten das Gewässer erheblich. Gegen WC-Gerüche hilft eine in regelmäßigen Abständen vorsichtig in Eau de Cologne getauchte Glühlampe im Raum. Wenn sie eingeschaltet wird, entwickeln sich aufgrund der steigenden Temperaturen angenehme Düfte in der Toilette.

Bad- und Waschbeckenreiniger

1. Glänzende Kacheln, blanke Badewannen erhält man durch sanfte Scheuermittel (Tenside und Marmormehl).
2. Gegen hartnäckige Flecken auf Porzellan hilft in heißem Wasser aufgelöste Kernseife, die mit etwas Waschbenzin versetzt wird.
3. Gegen Kalkflecken hilft Essig, gegen dunkle Flecken und Rost helfen Borax und Essig.

Fleckenreiniger

1. **Grundregel:** Flecken sofort behandeln.
2. Auch bei Gebrauch von Benzin, Spiritus und Alkohol ist Vorsicht geboten.

Fensterputzmittel

1. Fensterputzmittel niemals in Sprayform kaufen; sie lassen sich durch ein mildes Spülmittel oder einen Schuß Essig bzw. Brennspiritus ersetzen.

Allgemein

1. Besonders ist vor Reinigungsmitteln zu warnen, die chlorierte Kohlenwasserstoffe enthalten (z. B. Fußbodenreiniger, Fleckenentferner usw.).
2. Im folgenden wird anstelle von vielen im Handel angebotenen umweltfreundlichen Mitteln der Begriff »Neutralreiniger« verwendet.

Desinfektionsmittel

1. Keine Desinfektionsmittel im Privathaushalt verwenden.
   Ausnahmen: Säuglings- und Krankenpflege.
2. Beim Kauf von Reinigungsmitteln auf umweltfreundliche Alternativen achten – vgl. entsprechende Veröffentlichungen.
3. Im Zweifelsfall bei den Verbraucherberatungsstellen Rat holen.

2. Hauspflegearbeiten

2.1 Reinigungsarbeiten in der Küche

2.1.1 Aufgabe: Tägliche Reinigung der Küche

Betriebsmittel: Spülmittel, verseifte Stahlwolle, Neutralreiniger, Schwammtuch, Putzschwamm, Eimer, Bodenlappen (Feudel), Schrubber, Besen, Kehrschaufel.

Arbeitsgegenstand: Küche im Familienhaushalt.

LERNABSCHNITT	ARBEITSABLAUF
Vorbereitung	1. Aufräumen, Betriebsmittel vollständig bereitstellen, dabei darauf achten, daß keine Stolpergefahr (Besen) besteht.
Durchführung	2. **Spülen:** Geschirr ordnen, vorspülen bzw. in Geschirrspülmaschine einordnen.
	3. Spülmittellösung herstellen.
	4. Bei Bedarf Kühlschrank ausräumen und auswischen, evtl. Essigwasser zum Nachwischen benutzen, gründlich trocknen.
	5. Schränke und Geräte mit Schwammtuch bei Bedarf abwischen.
	6. Herdplatten ab- und Backofen auswischen, verkrustete Ränder mit verseifter Stahlwolle behandeln.
	7. Arbeitsflächen, verschmutzte Wände, Türen, Spülbecken säubern und trockenreiben. Bei starker Verschmutzung Neutralreiniger o. ä. pur auf die Scheuerseite des Putzschwammes geben, Stellen damit bearbeiten. Türklinken, Türzargen, Lichtschalter und Fenstersims nicht vergessen.
	8. Abfalleimer leeren, heiß auswaschen und Müllbeutel einlegen.
	9. Boden fegen und mit Neutralreiniger o. ä. wischen.
Nacharbeit	10. Betriebsmittel wegräumen, Tücher zum Trocknen aufhängen, Eimer säubern.

2.1.2 Aufgabe: Gründliche Reinigung der Küche

Betriebsmittel: Neutralreiniger, Kunststoffreiniger für hartnäckige Flecken, Kalkentferner, verseifte Stahlwolle, Stahlreiniger, Grundreiniger für Boden, bei PVC-Boden zusätzlich Beschichtungsmittel, Vaseline.

Gummihandschuhe, Spinnenbesen, Eimer, Putzschwamm, Ledertuch, Heizungsbürste, Scheuerbürste, Trikotlappen, Geschirrtuch, Schrubber, Bodenlappen (Feudel), Müllbeutel, Besen, Kehrschaufel.

Arbeitsgegenstand: Küche im Familienhaushalt.

Die gründliche Reinigung von Herd, Kühlschrank (Lüftungsanlagen, Dunstabzugshauben) und Fenster wird zweckmäßigerweise schon zu einem früheren Zeitpunkt vorgenommen.

LERNABSCHNITT	ARBEITSABLAUF

Vorbereitung

1. Wenn vorhanden, Vorhänge abnehmen, bewegliche Gegenstände außerhalb des Raumes abstellen, Herd und Kühlschrank abdecken, Strom ausschalten, Betriebsmittel vollständig bereitstellen.

Durchführung

2. Decke und Wände mit Spinnenbesen entstauben.
3. Neutralreinigerlösung herstellen.
4. Alle Leuchten innen und außen mit gelber Seite des Putzschwammes abwischen, mit Ledertuch nachtrocknen.
5. An einer Küchenseite beginnend, systematisch alle Schränke der Reihe nach ausräumen, mit Neutralreinigerlösung und gelber Seite des Putzschwammes innen auswischen. Bei hartnäckigen Verschmutzungen Neutralreiniger pur auf die Scheuerseite des Schwammes geben und die Stelle damit behandeln. Schränke mit Ledertuch nachtrocknen. Schrankinhalt geordnet einräumen.
6. Heizkörper mit Heizungsbürste schrubben, nachtrocknen.
7. Türen mit Rahmen und Falz gründlich reinigen.
8. Von der Tür aus beginnend, alle Wände, Vorhangschiene, Schränke von außen und oben, Lichtschalter und Steckdosen mit Neutralreinigerlösung abwischen. Fliesenfugen und Ecken mit Scheuerbürste schrubben, mit Ledertuch nachtrocknen.
9. Auf Schrankoberflächen evtl. Zeitungspapier legen.
10. Armaturen, Wand am Spülbecken und Abtropffläche bei Kalkflecken mit Essigwasser abwaschen.
11. Herdplattenoberfläche und Ränder evtl. mit verseifter Stahlwolle reinigen, mit Trikotlappen nachwischen, Herdplatten dünn mit Vaseline einreiben.
12. Spülbecken, Abtropffläche, alle anderen Edelstahlflächen mit geeignetem Stahlreiniger reinigen.
13. Geleerte Abfalleimer mit heißer Neutralreinigerlösung und Trikotlappen trocken wischen, Müllbeutel einlegen.

LERNABSCHNITT	ARBEITSABLAUF
	14. Grundreinigung Boden. a) Steinfußboden – siehe Grundreinigung Steinfußboden. b) PVC-Bodengrundreinigung – siehe Grundreinigung Hartbelag.
Nacharbeit	15. Betriebsmittel wegräumen, Tücher zum Trocknen aufhängen, Eimer säubern und wegräumen.

2.1.3 Aufgabe: Geschirrspülen (Maschine)

Betriebsmittel: Reinigungsmittel, Zusatz von Klarspüler, Handtuch, Spülbürste, Schwammtuch, Geschirrtuch.

Arbeitsgegenstand: Normal verschmutztes, für die Geschirrspülmaschine geeignetes Geschirr und Besteck, Geschirrspülmaschine, Abstellfläche für das Schmutzgeschirr, Spül- oder zumindest Ausgußbecken zum Resteausgießen oder für evtl. Vorreinigen und für Nacharbeiten.

LERNABSCHNITT	ARBEITSABLAUF
Vorbereitung	1. Betriebsmittel und Arbeitsgegenstand vollständig bereitstellen.
	2. Hände waschen.
	3. Essensreste in die dafür vorgesehenen Gefäße füllen, nach Abkühlung zudecken, kühl stellen.
Durchführung	4. Geschirr sortieren, evtl. vorspülen.
	5. Geschirr in die dafür vorgesehenen Drahtkörbe einordnen (zweckmäßig von hinten beginnend), und zwar leichtes und empfindliches Geschirr möglichst oben, schweres, stark angeschmutztes unten in den Korb stellen.
	6. Bestecke (außer Messern und anderen spitzen Gegenständen) mit Griffen nach unten, fächerförmig und unsortiert in den dafür vorgesehenen Korb einordnen oder in die dafür vorgesehene Besteckschublade sortieren, Silber getrennt von anderen Metallen.
	7. Reiniger nach Vorschrift zugeben.
	8. Programm einstellen.
	9. Ausräumen der Teile nach dem Spülgang und Kontrolle. **Wichtig:** Zuerst den unteren Korb, dann den oberen Korb ausräumen.
	10. Evtl. nachspülen der Teile, die nicht völlig sauber sind (vgl. Geschirrspülen mit der Hand), oder nachpolieren.
	11. Geschirr ordnen.

LERNABSCHNITT	ARBEITSABLAUF
	12. Geschirr stapelweise in die Schränke einräumen, Besteck einsortieren.
Nacharbeit	13. Vorrat an Klarspüler kontrollieren, evtl. nachfüllen.
	14. Kontrollanzeige für Enthärtungsanlage beachten, evtl. Salz nachfüllen.
	15. Siebeinsätze von Speiseresten befreien.
	16. Maschine leicht geöffnet bis zur erneuten Beladung stehenlassen.
	17. Spülbecken säubern und trockenreiben.
	18. Betriebsmittel sauber und trocken wegräumen.

2.1.4 Aufgabe: Geschirrspülen (Hand)

Betriebsmittel: Geschirrspülmittel, Spülbürste, Schwammtuch, Putzschwamm, Geschirrabtropfkorb, Geschirrtücher, Handtuch; bei Bedarf: Topfkratzer, kleine Flaschenbürste.

Arbeitsgegenstand: Haushaltsübliches, normal verschmutztes Geschirr, 2 Spülbecken mit Abtropffläche.

LERNABSCHNITT	ARBEITSABLAUF
Vorbereitung	1. Betriebsmittel und Arbeitsgegenstände vollständig bereitstellen.

Arbeitsplatz und Reihenfolge für das Geschirrspülen

2. Hände waschen.
3. Essensreste in die dafür vorgesehenen Gefäße füllen, nach Abkühlung zudecken, kühl stellen.

Durchführung

4. Geschirrteile evtl. vorspülen (z. B. Milchgläser), sortiert auf Abstellfläche rechts vom Spülbecken zusammenstellen.
5. Abstellfläche für sauberes Geschirr reinigen, Abtropfkorb bereitstellen.
6. Spülbecken mit heißem Wasser (50 bis 60 Grad Celsius) füllen, rechts Becken mit einem Spritzer Spülmittel versehen.
7. Reihenfolge beim Spülen einhalten, immer das sauberste Geschirr zuerst (Gläser, Untertassen, Tassen, Dessertteller, tiefe Teller, flache Teller, Schüsseln, Bestecke, fettiges Geschirr, Geräte aus Emaille, Blech, Aluminium, Kochtöpfe).
8. Geschirr stapelweise in das rechte Becken setzen, spülen: mit Bürste oder Schwammtuch von beiden Seiten reinigen.
9. Einzeln nach links zum Nachspülen einsetzen.
10. Stapelweise herausnehmen, nach links in den Geschirrkorb stellen.
11. Bestecke spülen: 3 bis 4 Teile greifen, mit der Bürste im Spülbecken abbürsten, ins frische Spülwasser tauchen, zum Abtropfen hinlegen oder in Behälter zum Abtropfen stellen.
12. Wasser, wenn nötig, zwischendurch wechseln.
13. Geschirr sorgfältig abtrocknen, bei Reichweite sofort in den Schrank einräumen.
14. Geschirr evtl. auf Teewagen ordnen und zu den Schränken fahren. Geschirr stapelweise einräumen.
15. Bestecke abtrocknen: 3 bis 4 Teile auf einmal greifen, abtrocknen.
16. Messerschneide beim Abtrocknen nach außen, vom Geschirrtuch entfernt, halten.

Nacharbeit

17. Spülbecken und Abtropffläche reinigen und trockenreiben, Betriebsmittel wegräumen.
18. Geschirr- und Handtücher zum Trocknen aufhängen, bei Bedarf wechseln.

2.1.5 Aufgabe: Reinigung und Pflege von Kochtöpfen

Betriebsmittel: Spülmittel, Spülbürste, Schwammtuch, verseifte Stahlwolle, Topfschwamm, Scheuermittel, Geschirrtuch.

Arbeitsgegenstand: Verschmutzte Kochtöpfe aus verschiedenen Materialien.

LERNABSCHNITT	ARBEITSABLAUF
Vorbereitung	1. Betriebsmittel und Arbeitsgegenstände vollständig bereitstellen.
	2. Nach dem Kochen immer etwas Wasser in die Töpfe einfüllen.
	3. Vor dem Spülen Rückstände mit Bürste lösen, Wasser ausgießen.
	4. Evtl. festgebrannte Speisereste durch Kochen mit Sodalösung oder mit wenig Geschirrspülmaschinenmittel aufweichen.
Durchführung	5. Den Topf zuerst innen, dann außen mit einer Spülbürste oder Topfschwamm spülen.
	6. Beim Spülen auch auf die Stellen zwischen Griff und Rand achten, Griffe evtl. vorher lösen.
	7. Den Topfboden ab und zu mit einem flüssigen Scheuermittel von außen kreisförmig reinigen.
	8. Kalkablagerungen mit heißem Essigwasser entfernen.
	9. Töpfe in heißem und klarem Wasser nachspülen.
	10. Töpfe anschließend gut abtrocknen, luftig aufbewahren.
Besonderheiten	11. **Kunststoffbeschichtete** Töpfe und Pfannen sind besonders kratzempfindlich, vorsichtig reinigen, nur Kunststofflöffel zum Rühren und Wenden benutzen, niemals trocken erhitzen.
Nacharbeit	12. Betriebsmittel wegräumen, Arbeitsplatz säubern, Tücher zum Trocknen aufhängen, Schwämme an der Luft trocknen lassen.

2.1.6 Aufgabe: Reinigen von elektrischen Küchengeräten

Betriebsmittel: Spülmittel, Schwammtuch, Spültuch, Spülbürste, Pinsel, Kunststoffreiniger, Holzstäbchen, evtl. Wattestäbchen.

Arbeitsgegenstand: Verschmutzte elektrische Küchenkleingeräte.

LERNABSCHNITT	ARBEITSABLAUF
Vorbereitung	1. Betriebsmittel und Arbeitsgegenstände vollständig bereitstellen, Arbeitsplatz sinnvoll einrichten.
	2. Geräte stets vom Stromnetz lösen.
Durchführung	3. Motorenthaltende Teile trocken oder leicht feucht abwischen.
	4. Zubehörteile materialgerecht durch Spülen reinigen, wenn nötig, einweichen.
	5. Metallteile an der Luft trocknen lassen.
	6. Gehäusevertiefungen mit trockenem Pinsel ausbürsten, vorher evtl. einweichen, Holzstäbchen zu Hilfe nehmen oder Wattestäbchen.

LERNABSCHNITT	ARBEITSABLAUF
	7. Gehäuse hin und wieder mit pH-neutralem, tensidhaltigem Kunststoffreiniger behandeln.
	8. Maschinen im getrockneten Zustand wieder zusammensetzen.
	9. An ihren alten Platz räumen.
Nacharbeit	10. Arbeitsplatz aufräumen, säubern und Betriebsmittel sauber und trocken wegräumen.

2.1.7 Aufgabe: Pflege und Reinigung des Elektroherdes

Betriebsmittel: **Mittel:** Grillreiniger oder Backofenspray, verseifte Stahlwolle, Stahlreiniger, Vaseline, evtl. Spezialmittel für Glaskeramikkochfelder, Rasierklingenschaber.

Geräte: Gummihandschuhe, Bodenlappen (Feudel), Zeitungen, Stielbürste, kleiner Eimer, Trikotlappen, großer Eimer.

Arbeitsgegenstand: Normal verschmutzter Elektroherd.

LERNABSCHNITT	ARBEITSABLAUF
Vorbereitung	**Wichtig:** Bei ungesicherten Steckdosen für den Grilleinsatz im Backofen: Hauptschalter bei Backofenreinigung ausschalten. Backöfen mit pyrolytischer oder katalytischer Selbstreinigung dürfen nicht mit Reinigungsmitteln behandelt werden.
	1. Betriebsmittel vollständig bereitstellen.
	2. Backofen ausräumen.
Durchführung – Herdplatten	3. Herdplatten im lauwarmen Zustand leicht feucht abwischen, evtl. mit Stahlwolle abreiben, hauchdünn mit Vaseline einreiben.
	4. Überfallrand gelegentlich mit verseifter Stahlwolle reinigen.
	5. Emaille- und Chromteile mit Spülmittellösung reinigen, trockenreiben.
– Kochfeld	6. Übergelaufene Speisen sofort entfernen (besonders bei zuckerhaltigen Speisen wichtig), evtl. Rasierklingenschaber verwenden.
	7. Mit Spülmittellösung reinigen, mit klarem Wasser nachwischen, gut trockenreiben. Das Kochfeld sollte zur Reinigung kalt oder handwarm sein.
	8. Bei starker Verunreinigung sind flüssige, silikonhaltige Spezialreinigungsmittel geeignet.

LERNABSCHNITT	ARBEITSABLAUF
– Backofen ohne eingebaute Reinigungshilfe	9. Evtl. Backwagen herausnehmen, Bodenlappen vor dem Herd auslegen.
	10. Backofentür, wenn möglich, ausheben.
	11. Geeigneten Backofenreiniger vorsichtig nach Gebrauch und Bedarf einsetzen und einwirken lassen, evtl. mit Gummihandschuhen geschützt nachbehandeln.
	12. Spülmittellösung und Nachspülwasser herrichten.
	13. Mit Bürste, Schwamm und Stahlwolle je nach Bedarf und Material mit heißem Spülwasser reinigen, mit Trikotlappen klar nachwischen und abtrocknen.
	14. Herausnehmbare Teile mit Bürste im Spülwasser behandeln, evtl. auch Schwamm oder Stahlwolle benutzen, klar nachspülen und nachtrocknen.
	15. Backofen außen mit Spülmittelwasser abwischen, abreiben, mit trockenem Trikotlappen nachreiben.
	16. Trockene Bleche und evtl. Backwagen gesäubert wieder einschieben, Backofen schließen.
Nacharbeit	17. Abstellflächen säubern.
	18. Boden aufwischen.
	19. Betriebsmittel säubern und wegräumen.
	20. Tücher zum Trocknen aufhängen.

2.1.8 Aufgabe: Reinigung des Kühlschrankes

Betriebsmittel: Neutralreiniger oder Spülmittel, Essig, Bodenlappen (Feudel), 1 Topf mit kochendem Wasser, 2 kleine Eimer, Trikotlappen, Schwammtuch, frisches Geschirrtuch.

Arbeitsgegenstand: Reinigung des Kühlschrankes.

LERNABSCHNITT	ARBEITSABLAUF
	Wichtig: Die Reinigung ist notwendig bei schlechtem Geruch, aus hygienischen Gründen, das Abtauen aus Gründen der Energieersparnis.
Vorbereitung	1. Bodenlappen vor dem Kühlschrank auslegen.
	2. Betriebsmittel vollständig bereitstellen.

LERNABSCHNITT | ARBEITSABLAUF

3. Kühlschrank ausschalten und ausräumen, Tür offenlassen. Bei Vereisung Topf mit kochendem Wasser in das Verdampferfach oder evtl. auf den Abstellrost stellen, Kühlschrank nicht ganz schließen (nur notwendig, wenn der Kühlschrank keine automatische Abtauvorrichtung besitzt).
4. Neutralreiniger- oder Spülmittellösung herstellen.
5. Essigwasser bereitstellen.

Durchführung

6. Wenn der Kühlschrank abgetaut ist, Auffangschale leeren. Gitter und alle beweglichen Teile herausnehmen und mit Neutralreiniger- oder Spülmittellösung säubern. Bei hartnäckigen Verschmutzungen Mittel pur auf Trikotlappen geben und reiben. Auch die Dichtungen der Tür reinigen.
7. Kühlschrankinnenraum mit Essigwasser nachwaschen und mit einem sauberen Geschirrtuch gut trockenreiben.
8. Einmal im Jahr Motor und Kondensator (wenn er nicht eingeschäumt ist) mit Pinsel oder Staubsaugerbürste gründlich entstauben.

Nacharbeit

9. Wenn nötig, Boden wischen (Rutschgefahr).
10. Betriebsmittel sauber und trocken wegräumen.
11. Tücher zum Trocknen aufhängen.
12. Der Arbeitsvorgang muß alle 2 bis 3 Wochen je nach Benutzung wiederholt werden.

2.1.9 Aufgabe: Reinigung von Gefriergeräten

Betriebsmittel: Neutralreiniger oder Spülmittel, Essig, Bodenlappen (Feudel), 1 Topf mit kochendem Wasser, 2 kleine Eimer, Trikotlappen, frisches Schwammtuch, frisches Geschirrtuch.

Arbeitsgegenstand: Gefriergerät.

LERNABSCHNITT | ARBEITSABLAUF

Wichtig: Arbeitsvorgang ist notwendig, wenn sich an den Innenwänden eine Eisschicht gebildet hat oder vor dem Einfrieren größerer Mengen Fleisch, Obst und Gemüse.

Vorbereitung

1. Gefriergerät am Vorabend auf Superfrost schalten, am nächsten Tag vom Stromnetz lösen.
2. Betriebsmittel vollständig bereitstellen.

LERNABSCHNITT	ARBEITSABLAUF
	3. Tiefkühlkost vorübergehend in großen, dick mit isolierendem Zeitungspapier ausgeschlagenen Kisten, Wannen oder sonstigen Behältern, mit Zeitungspapier und Wolldecken abgedeckt, in kühlen Raum stellen.
Durchführung	4. Tiefkühlgerät schnell abtauen, indem ein breiter Topf mit heißem Wasser hineingestellt wird. Dabei Bodenlappen vor dem Tiefkühlgerät(-schrank) auf den Boden legen.
	5. Motor mit Pinsel oder Staubsaugerbürste sorgfältig vom Staub befreien.
	6. Das abgetaute Tiefkühlgerät mit der Spülmittellösung auswaschen, mit klarem Wasser (evtl. Essigzugabe) nachwischen, gut austrocknen. Dichtungen von Tür bzw. Deckel nicht vergessen.
	7. Tiefkühlgerät sorgfältig von außen mit Spülmittellösung reinigen, abtrocknen.
	8. Gerät wieder einschalten, auf Temperatur bringen.
	9. Tiefkühlkost wieder einordnen, dabei Dosen von Reifschicht befreien und abtrocknen und Gefriergut sortieren, Inhaltsliste überprüfen.
Nacharbeit	10. Betriebsmittel säubern und wegräumen, Tücher zum Trocknen aufhängen.
	11. Der Arbeitsvorgang sollte alle 3 bis 4 Monate wiederholt werden.

2.1.10 Aufgabe: Tischdecken und -abdecken, Servieren

Betriebsmittel: Spülmittel oder Neutralreiniger, evtl. Servierwagen oder Tablett, je nach Entfernung und Weg.

Vor dem Essen: Tischeimer, Tischlappen, Eß- und Vorlegebesteck, benötigtes Geschirr, evtl. Servietten, Sets oder Tischdecken.

Nach dem Essen: Tischeimer, Tischlappen, Spülmittel- oder Neutralreinigerlösung, Kehrschaufel, Handfeger, Bodenlappen (Feudel), großer Eimer oder Staubsauger.

Arbeitsgegenstand: Eßtisch, Geschirr.

LERNABSCHNITT	ARBEITSABLAUF
Vorbereitung	1. Betriebsmittel vollständig bereitstellen.
	2. Bei Bedarf Tisch abwischen.
	3. Hände waschen.

Durchführung

Aufdecken

4. Anhand des Speiseplans Geschirr und Besteck bereitstellen, evtl. je nach Entfernung und Weg Servierwagen, Serviertisch oder Tablett benutzen.

5. Teller sortiert auf je einem Stoß gestapelt, Tassen jeweils 2 bis 3 (nach Form und Empfindlichkeit) ineinandergestellt, Besteck sortenweise nebeneinandergelegt, Servietten gefaltet, Gläser nebeneinandergestellt.

6. Tischdecken (mit Molton- oder Vliesunterlage) oder Sets auflegen, Tafeldekoration anordnen.

7. Bei rechteckigen Tischdecken: Oberbruch der Decke muß parallel zur Längskante des Tisches und parallel zum Fenster verlaufen. Der Stoffüberfall muß gleichmäßig 20 bis 25 cm an der Tischkante überhängen.

8. Besteck auflegen, dabei darauf achten, daß beide Hände zum Aufdecken benutzt werden, entweder gleichzeitig oder in rhythmischer Folge. Fingerabdrücke vermeiden, zuerst Messer, dann die Gabeln eindecken. Dazu werden die Besteckteile einzeln mit Zeigefinger und Daumen der rechten Hand an der schmalsten Stelle des Stiels angefaßt. Bei einer Festtafel eine zusammengelegte Serviette in die linke Handfläche legen, Besteckteile hineinlegen, zum Tisch tragen und mit der rechten Hand einlegen. Dazwischen genug Platz lassen für den Teller. Die unteren Besteckenden müssen einen fingerbreiten Abstand (ca. 1 cm) von der Tischkante haben.

9. Gedeckbreite: 70 cm.

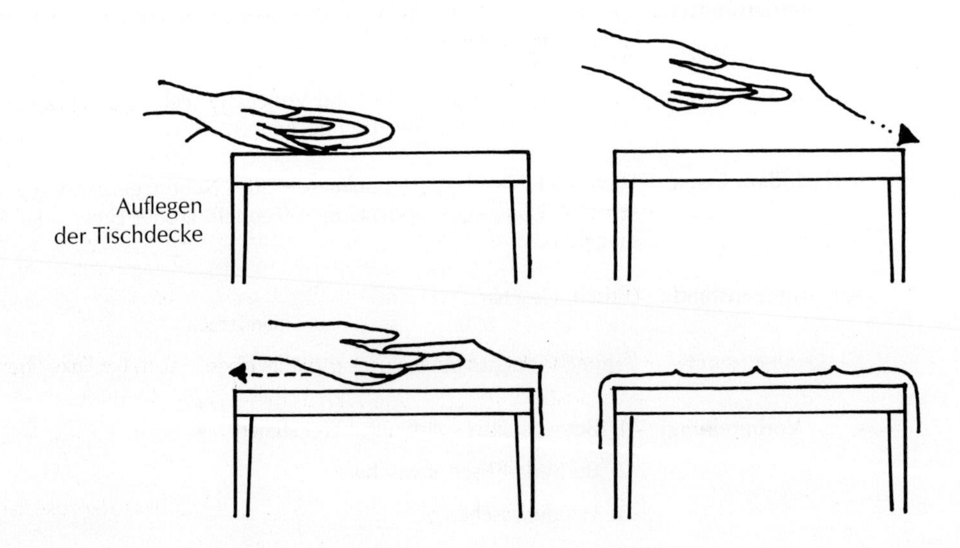

Auflegen der Tischdecke

Gedeck für die Speisenfolge:
Suppe
Fleischgericht

Speisenfolge:
Suppe
Fleischgericht
Getränk

Speisenfolge:
Suppe
Fleischgericht
Getränke: Weißwein, Rotwein

Speisenfolge:
Suppe
Fleischgericht
Getränke: Weißwein, Rotwein
Der Teller links ist für Brot bestimmt

10. Besteck: Messer rechts – Schneide zum Teller – Gabel links, Suppenlöffel rechts außen, Nachtischlöffel oben quer. Grundsätzlich: Die zuerst zu benutzenden Besteckteile nach außen, Servietten in die Mitte legen. Grundsätzlich nicht mehr als 3 Gläser und nicht mehr als 3 Besteckteile nebeneinander legen.
11. Trinkglas oder Trinkbecher rechts oben, Salatteller links oben (werden nur Gabeln benutzt, Salatschälchen rechts oben).
12. Vorlegebesteck geordnet nebeneinander neben den Platz der Hausfrau legen.
13. Sonstiges Zubehör (Salzstreuer u. a.) ist griffbereit hinzustellen.

14. Betriebsmittel sauber und trocken wegräumen.

15. Erwärmte Teller einen Finger breit von der Tischkante nach innen oder mit der Tischkante abschließend stellen. Wird die Suppe selbst geschöpft, tiefe Teller auf flachen Teller stellen. Wird nicht selbst geschöpft, tiefe Teller stapeln.

Abdecken

16. Nach Suppe bzw. Hauptgang Anrichtegeschirr, Teller und Bestecke abtragen, Nachtisch hinstellen.

17. Mit dem Abdecken erst dann beginnen, wenn alle mit dem Essen fertig sind. Man nimmt zuerst alle Schüsseln und Platten und dann das Gedeck. Das Geschirr wird von rechts abgedeckt. Die Teller nimmt man von der rechten Seite mit der rechten Hand weg und wechselt sie in die linke Hand. Der erste Teller ist unten mit dem Zeige- und Mittelfinger, oben mit dem Daumen zu fassen. Der zweite Teller wird auf den Vorderarm, den Handballen, den Daumen, den Ringfinger und den kleinen Finger gestellt. Das Besteck und die Speisereste räumt man diskret auf den ersten Teller. Das Rutschen der Besteckteile kann verhindert werden, wenn die Gabeln quer über den Messern angeordnet sind und die erste Gabel mit dem Daumen festgehalten wird (s. Abb.). Der erste Teller wird auf die übrigen leeren Teller gestellt und so weggetragen. Dabei kann ein Tablett oder Servierwagen benutzt werden. Brotteller und Salatteller von links abdecken.

18. Wenn alle aufgestanden sind, Tische säubern, Tischdecke oder Sets abnehmen (dabei darauf achten, daß keine Reste auf den Boden fallen), Servietten abräumen.

19. Evtl. Reste vom Boden mit Kehrschaufel oder Staubsauger aufnehmen, evtl. feucht reinigen.

Besonderheiten: **Aufdecken**

Kaffeetisch

20. Arbeitsablauf wie oben, aber:
21. Kuchenteller in die Platzmitte stellen (Tellerrand eine Fingerbreite von der Tischkante entfernt oder mit der Tischkante abschließend).
22. Untertassen rechts oben neben den Kuchenteller stellen.
23. Kaffeetassen auf die Untertassen setzen (Henkel zeigt nach rechts).
24. Kaffeelöffel auf die Untertasse legen, mit dem Stiel ebenfalls nach rechts.
25. Bei Kuchengabeln sind folgende Anordnungen möglich:
    - rechts neben dem Teller
    - waagerecht oberhalb des Tellers, Griff nach rechts
    - auf den Teller in Verbindung mit der Serviette.
26. Servietten auf die Kuchenteller oder links daneben.
27. Sonstiges Zubehör (Tortenheber, Zucker, Kaffeesahne, Untersetzer für Kaffeekanne u. a.) ist griffbereit hinzustellen.

Abdecken

28. Der Arbeitsablauf ist der gleiche wie oben beschrieben.

Servieren

29. Beim Ehrengast (z. B. dem Geburtstagskind) oder Hausherrn bzw. der Hausfrau beginnen, dann folgen die Gäste zu dessen/deren linken Seite, so daß man beim Servieren immer vorwärts geht.

von rechts

30. Gedeckwechsel während der Mahlzeit
    Einschenken von Getränken
    Hinstellen gefüllter Suppenteller (Haltung der Finger beachten!) oder Suppentassen
    Hinstellen vorbereiteter Desserts.

von links

31. Anbieten der Speisen (Fleisch, Soße, Gemüse, Salat, Beilagen)
    Platten bzw. Schüsseln mit der linken Hand nahe an den Teller des Gastes heranreichen, damit er sich bedienen kann.

Nacharbeit

32. Betriebsmittel sauber und trocken wegräumen.

2.2 Reinigung von Sanitärräumen

2.2.1 Aufgabe: Tägliche Reinigung eines Sanitärraumes (Unterhaltsreinigung)

Betriebsmittel: Neutral- und geeigneter Sanitärreiniger, Scheuermittel (flüssig), Gummihandschuhe, großer Eimer, Putzschwamm, alte Zahnbürste, Ledertuch, Trikotlappen, Bodenlappen (Feudel), Schrubber.

Arbeitsgegenstand: Normal verschmutzter Sanitärraum.

LERNABSCHNITT	ARBEITSABLAUF
Vorbereitung	1. Betriebsmittel vollständig bereitstellen.
	2. Gummihandschuhe anziehen.
	3. Binden- und Abfalleimer leeren und vor die Tür stellen.
Durchführung	4. Angefeuchtetes Waschbecken mit der Scheuerseite des Putzschwammes und dem Scheuermittel reinigen, nachspülen, Besonders Über- und Ablauf, evtl. Gummipfropfen, Unterseite und Rückwand beachten, Ränder der Wasserhähne nicht vergessen, Kalkflecken evtl. mit Zahnbürste und Essigwasser entfernen.
	5. Spiegel mit Spirituswasser, Handtuchhalter und Seifenschale, Ablage, Armaturen, Lichtschalter und Türklinke mit Neutralreinigerlösung und Ledertuch reinigen, Waschbecken mit Ledertuch nachtrocknen.
	6. Das WC-Becken kräftig mit Sanitärreiniger und der WC-Bürste scheuern, oberen Rand und Rinne im oberen Rand beachten, gut nachspülen.
	7. Papierrollenhalter, Drücker, WC-Brille, -Rand und -Becken außen mit Trikotlappen und Neutralreinigerlösung reinigen, im Bedarfsfall auch Wasserrohr, Abflußrohr und Wand, WC-Bürstenständer und WC-Bürste reinigen, evtl. Feuchtigkeit ausgießen und hochstellen.
	8. Abfalleimer und Bindeneimer nach Bedarf auswaschen und trockenreiben, Trikotlappen wegwerfen, neuen Müllbeutel einlegen.
	9. Boden mit Bodenlappen, Schrubber und Neutralreinigerlösung zuerst naß, dann feucht wischen.
	10. Abfall- und Bindeneimer einstellen, Toilettenpapier und evtl. Seife nachfüllen, für saubere Handtücher sorgen.
	11. WC-Bürstenständer an seinen Platz stellen.
Nacharbeit	12. Evtl. Fenster schließen.
	13. Betriebsmittel säubern, trocknen und wegräumen.

2.2.2 Aufgabe: Wöchentliche Reinigung eines Sanitärraumes

Betriebsmittel: Neutralreiniger, Scheuermittel (flüssig), Essig, geeigneter Sanitärreiniger, Gummihandschuhe, Spinnenbesen, großer Eimer, Putzschwamm, Scheuerbürste, Heizungsbürste, Bodenlappen (Feudel), Schrubber.

Desinfektionsmittel werden nur in solchen WCs eingesetzt, die von einem unterschiedlichen Personenkreis benutzt werden.

Arbeitsgegenstand: Verschmutzter Sanitärraum.

LERNABSCHNITT	ARBEITSABLAUF
Vorbereitung	1. Betriebsmittel vollständig bereitstellen.
	2. Gummihandschuhe anziehen.
	3. Binden- und Abfalleimer leeren und vor die Tür stellen.
Durchführung	4. Decke und Wände mit Spinnenbesen entstauben.
	5. Neutralreinigerlösung herstellen.
	6. In das angefeuchtete WC Sanitärreiniger einstreuen, einwirken lassen.
	7. Waschbecken, Ab- und Überlauf, evtl. Gummipfropfen, Unterseite, Abflußrohr gründlich reinigen (mit flüssigem Scheuermittel), Ecken und Ritzen um Waschbeckenbereich mit alter Zahnbürste reinigen, Armaturen mit Essigwasser abwischen.
	8. Nach Bedarf Armaturen, Wand und Waschbecken entkalken, zu putzende Flächen zuerst benetzen, mit feuchtem Trikotlappen Essig auftragen, einwirken lassen, gründlich abreiben, mit klarem Wasser nachspülen, ebenso Kalkflecken an Wänden und Fußboden mit Essig entfernen. (Bei Entkalkungsmitteln nur mit kaltem Wasser arbeiten, sonst entstehen Schäden an Armaturen, empfindlichen Glasuren und Emaille.)
	9. Spiegel mit Spirituswasser, Ablage, Spiegelleuchte, Handtuch- und Seifenhalter mit Ledertuch und Neutralreinigerlösung reinigen. Bei Bedarf Neutralreiniger pur verwenden.
	10. Wände (Fliesen) mit Lichtschalter systematisch mit Putzschwamm und Neutralreinigerlösung gründlich säubern. Ecken und Fugen evtl. mit Bürste nachbehandeln, mit Ledertuch nachwischen.
	11. Türen (Klinke, Falz, Rahmen) gründlich von unten nach oben reinigen (s. u.).
	12. Mobiliar reinigen (s. u.).
	13. Fenster reinigen (s. u.).
	14. Heizkörper mit Heizungsbürste feucht reinigen, nachtrocknen.
	15. WC-Becken scheuern (oberen Rand und Ablauf beachten), gut nachspülen, Kalk- und Urinsteinränder besonders behandeln.
	16. Wasser mit Schrubber und Bodenlappen vom Boden aufnehmen.
	17. In den gereinigten Binden- und Abfalleimer Müllbeutel einlegen, einstellen.
	18. Handtücher, Seife und WC-Papier auffüllen.
Nacharbeit	19. Betriebsmittel säubern, trocknen und wegräumen.

2.3 Reinigung von Schlafräumen

2.3.1 Aufgabe: Zwischenreinigung eines Schlafraumes (Unterhaltsreinigung)

Betriebsmittel: Neutralreiniger, Scheuermittel, Staubsauger mit Teppichdüse, kleiner Eimer, Ledertuch, Putzschwamm, Bodenlappen (Feudel), Schrubber, Kehrschaufel, Handfeger, Besen, Staubtuch.

Arbeitsgegenstand: Normal verschmutzter Schlafraum (wöchentliche Reinigung).

LERNABSCHNITT	ARBEITSABLAUF
Vorbereitung	1. Betriebsmittel vollständig bereitstellen.
Durchführung	2. Fenster öffnen.
	3. Gelüftete Betten machen.
	4. Zimmer aufräumen, Papierkorb leeren und säubern.
	5. Spinnweben entfernen.
	6. Teppichboden oder Bettvorleger absaugen, letztere evtl. ins Freie tragen und ausschütteln, vor die Tür legen, fegen.
	7. Besonders auf Staub unter den Betten und Schränken achten.
	8. Wenn vorhanden: Waschgelegenheit säubern (Konsole, Spiegel nicht vergessen).
	9. Möbel trocken abstauben.
	10. Fensterrahmen und -bänke, Wände, Sockel, Türen, Lichtschalter, Bilder usw. feucht abstauben.
	11. Naßverschmutzungen mit dem Bodenlappen aufwischen.
	12. Fenster schließen.
	13. Zimmer wieder einräumen.
Nacharbeit	14. Betriebsmittel säubern, trocknen und wegräumen.

2.3.2 Aufgabe: Betten beziehen

Betriebsmittel: Neutralreiniger, großer Eimer, Ledertuch, Staubtuch, Bettwäsche pro Bett, Korb für Schmutzwäsche, bei Bedarf: Staubsauger mit Polsterdüse.

Arbeitsgegenstand: Bezogene Betten.

Vorbereitung
1. Betriebsmittel vollständig bereitstellen.

Durchführung
2. Unterarme freimachen.
3. Bettbezug aufknöpfen, nach links abziehen, nicht schütteln, Ecken ausstreifen, Bettdecken und evtl. Woll-, Reform-, Unterbetten und Auflagen auf einen Stuhl legen.
4. Kopfkissen wie Bettdecke abziehen, Bettlaken lösen, Bettdecken, Kopfkissen, Unterbetten und Auflagen lüften, jedoch nicht in praller Sonne oder bei feuchtem Wetter.
5. Die schmutzige Wäsche nicht zusammenlegen, in den Korb legen.
6. Bettgestell abstauben, evtl. feucht reinigen.
7. Matratze absaugen.
8. Matratzenschoner ausschütteln.

Betten beziehen:

9. Matratze und Matratzenschoner wieder in das Bett legen. In die Mitte der Matratze quer das Bettlaken legen, am Kopfende um die Matratze schlagen, Umschlag glattziehen, Ecken umlegen, Fußende ebenso, Seiten einschlagen oder Spannbettlaken benutzen.
10. Kopfkissen überziehen.
11. Bettdecke auf Bett ausbreiten, Überzug auf links drehen und darüberbreiten. Mit beiden Händen in den Bezug fahren, Ecken umfassen (evtl. mit je einer Wäscheklammer sichern) und nach rechts überstreifen, glattschütteln, zuknöpfen, glatt oder zweilagig auflegen.

Nacharbeit
12. Betriebsmittel säubern, trocknen und wegräumen.

2.4 Reinigung von Wohnräumen

2.4.1 Aufgabe: Tägliche Reinigung eines Wohnraumes (Unterhaltsreinigung)

Betriebsmittel: Blumengießkanne, Staubsauger mit Bodendüse, kleiner Eimer, Ledertuch, evtl. Feuchtwischgerät, Kehrschaufel, Handfeger, großer Eimer, Schrubber, Bodenlappen (Feudel) und Reinigungsmittel.

Arbeitsgegenstand: Normal verschmutzter Wohnraum (ohne Teppichbodenbelag).

LERNABSCHNITT	ARBEITSABLAUF
Vorbereitung	1. Fenster öffnen, dabei Thermostaten an Heizkörpern im Winter während der Heizperiode abdecken.
	2. Betriebsmittel vollständig bereitstellen.
Durchführung	3. Tischdecke und Kissen ausschütteln.
	4. Aufräumen der herumliegenden Gegenstände.
	5. Blumen versorgen, bei Bedarf gießen, trockene und verblühte Teile entfernen, auf Schädlingsbefall achten, Fensterbank abwischen.
	6. Papierkorb leeren.
	7. Möbel zuerst an der Wand, dann in der Mitte des Raumes abstauben, dabei evtl. hochstellen oder abrücken.
	8. Teppich und Läufer absaugen und aufrollen.
	9. Fußboden fegen.
	10. Naßverschmutzungen mit dem Bodenlappen wegwischen.
	11. Feucht wischen.
	12. Teppich wieder auslegen, wenn der Boden wieder trocken ist.
	13. Fenster schließen.
Nacharbeit	14. Betriebsmittel säubern, trocknen und wegräumen.

2.4.2 Aufgabe: Grundreinigung eines Wohnraumes

Betriebsmittel: Neutralreiniger, Schaumreiniger für Polster, Möbelpolitur, Spinnenbesen, Sicherheitsleiter, großer Eimer, Trikotlappen, Ledertuch, Staubsauger mit verschiedenen Zusatzdüsen, Heizungsbürste, Spezialschwamm für Polstermöbel, bei Feuchtreinigung des Bodens: Besen, Kehrschaufel, Handfeger, Bodenlappen (Feudel), Schrubber.

Arbeitsgegenstand: Verschmutzter Wohnraum.

LERNABSCHNITT	ARBEITSABLAUF
Vorbereitung	1. Betriebsmittel vollständig bereitstellen.
	2. Zimmer lüften.
Durchführung	3. Zimmer aufräumen, Papierkörbe leeren und säubern.
	4. Bewegliches Mobiliar ausräumen.
	5. Bilder, Vorhänge u. a. abnehmen.
	6. Decke und Wände mit Spinnenbesen entstauben.

LERNABSCHNITT	ARBEITSABLAUF
	7. Schrankwände bzw. Einbauschränke von oben und evtl. hinten säubern.
	8. Fenster mit Rahmen putzen.
	9. Blumenpflege gründlich außerhalb des Wohnraumes durchführen, Töpfe und Untersetzer säubern.
	10. Übrige Möbel (auch von innen), Türen, Heizkörper, Lampen (Strom ausschalten), Gardinenbretter, Vorhangschienen, Schalter reinigen.
	11. Grundreinigung des Bodens durchführen.
	12. Reinigung des ausgeräumten Mobiliars vornehmen.
	13. Fenster schließen.
	14. Vorhänge reinigen und aufhängen.
	15. Zimmer einräumen.
Nacharbeit	16. Betriebsmittel säubern, trocknen und wegräumen.

2.5 Allgemeine Reinigungsarbeiten

2.5.1 Aufgabe: Fegen

Betriebsmittel: Besen (Mindestbreite 40 cm).

Besenstiel: Körpergröße 160 cm – Stiel 146 cm, 170 cm – Stiel 156 cm.

Borsten: widerstandsfähig, säure- und laugenunempfindlich, temperaturbeständig, z. B. Roßhaarbesen für die Wohnungspflege.

Handfeger: Borsten s. o., Handschaufel (Kehrschaufel), Mülleimer, Besenkamm.

Arbeitsgegenstand: Fußböden ohne Textilbelag.

LERNABSCHNITT	ARBEITSABLAUF
Vorbereitung	1. Betriebsmittel vollständig bereitstellen.
	2. Bewegliche Gegenstände ausräumen bzw. hochstellen, abstauben.
	3. Tür schließen.
	4. Fenster öffnen.

LERNABSCHNITT	ARBEITSABLAUF
Durchführung	5. Besen am Standbein ansetzen und ziehend streifenmäßig von sich wegführen oder quer an sich vorbeiführen.
	6. Vom Rand zur Tür kehren.

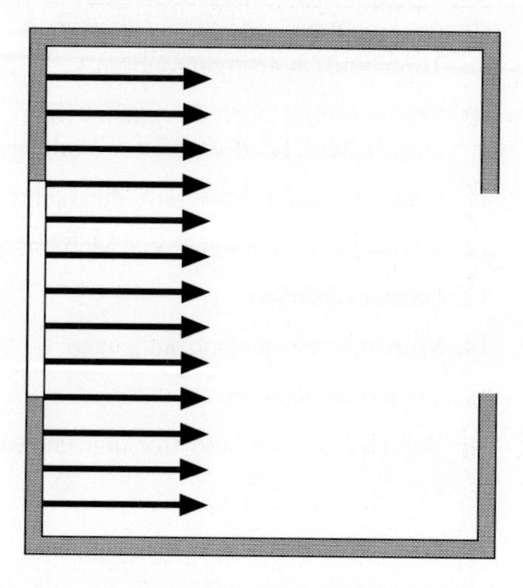

	7. Sehr große Flächen einteilen und zwischendurch Schmutz aufnehmen.
	8. Schmutz vorsichtig zusammenfegen, mit dem Handfeger und der Handschaufel aufnehmen (Hocke).
Nacharbeit	9. Schmutz wegbringen (Mülleimer).
	10. Betriebsmittel: Besen und Handfeger auskämmen, wegräumen und aufhängen.
	11. Zimmer einräumen, alle Gegenstände wieder hinstellen und Fenster schließen.

2.5.2 Aufgabe: Gründliche Reinigung eines Bodens mit Hartbelag

Betriebsmittel: Besen, Kehrschaufel, Handfeger, großer Eimer, Schrubber, Bodenlappen (Feudel) oder Feuchtwischgerät, Neutralreinigerlösung.

Arbeitsgegenstand: Verschmutzter Boden mit Hartbelag.

LERNABSCHNITT	ARBEITSABLAUF
Vorbereitung	1. Zimmer ausräumen.
	2. Betriebsmittel vollständig bereitstellen.

Durchtuhrung

Feuchtwischen (Feuchtwischgerät oder Mop)

1. Entstauben und von losen Verschmutzungen reinigen mit Besen, Handfeger und Kehrschaufel.
2. Wischwasser im Eimer richten.

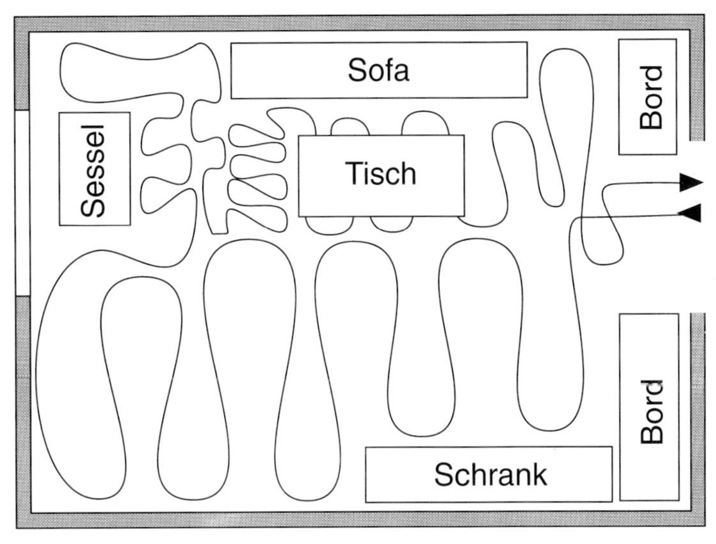

3. Aufteilen des Raumes in Bahnen, die in bequemer Reichweite liegen. Anfangs- und Endpunkte festlegen.
4. Wischgerät mit nebelfeuchtem Wischteil aufsetzen, in schlangenförmigen Bewegungen über den Boden ziehen, dabei nicht schlenkern und nicht absetzen,
   - an der Tür beginnend und auch **unter den Möbeln** wischen,
   - rückwärtsgehend in schlangenförmigen Bewegungen quer zur Laufrichtung wischen, dabei Gerät bei Drehung um eine Breite verschieben.
5. Dieses Verfahren eignet sich zur Entfernung von feinem aufliegendem Schmutz.
6. Wenn der Boden trocken ist, entfernte Einrichtungsgegenstände wieder einräumen.

Nacharbeit

7. Unter fließendem Wasser Arbeitsgeräte säubern, Wischwasser ausleeren, Einsätze zum Trocknen aufhängen.
8. Betriebsmittel wieder wegräumen.

Durchführung

Naßwischen (Schrubber)

1. Der Raum wird wieder nach Reichweite der Arme in Arbeitsabschnitte eingeteilt.
2. In einer Ecke des Raumes anfangen und zur Tür hinarbeiten.

LERNABSCHNITT	ARBEITSABLAUF

3. Der Eimer wird in Reichweite gestellt. Vorteilhaft sind hochgestellte, rollbare Putzeimer.
4. Abschnittweise wird der Raum zuerst naß gewischt bzw. geschrubbt.
5. Danach wird die Feuchtigkeit mit dem ausgewrungenen Scheuertuch aufgenommen.

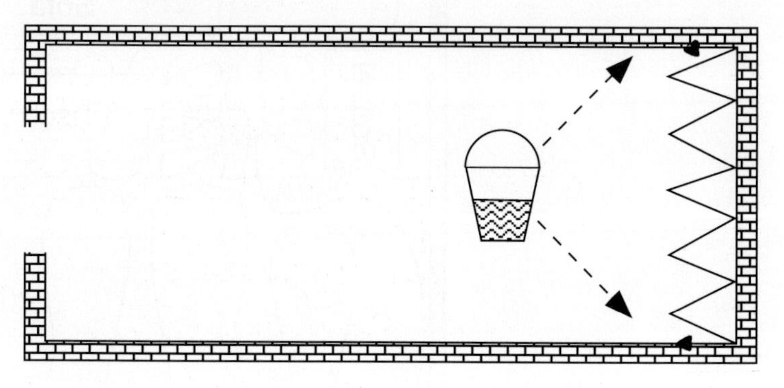

6. Der weitere Arbeitsablauf erfolgt wie oben beschrieben.

2.5.3 Aufgabe: Gründliche Reinigung des Bodens mit Teppichbelag

Betriebsmittel: Staubsauger, Klopfsauger, Fleckenentferner, kleine Schüssel, verschiedene Lappen, Schamponiergerät und -mittel.

Arbeitsgegenstand: Verschmutzter textiler Bodenbelag.

LERNABSCHNITT	ARBEITSABLAUF
Vorbereitung	1. Zimmer ausräumen.
	2. Betriebsmittel vollständig bereitstellen.
Durchführung	3. Entstauben mit Bürst- oder Klopfsauger (nicht bei festverlegten Teppichen).
	4. Fleckenentfernung (am besten sofort nach der Entstehung, angetrocknete Flecken müssen erst gelöst werden).
	5. Mit käuflichen Fleckenentfernungsmitteln (je nach Art des Fleckes) von außen zur Mitte reiben, um den Fleck nicht zu vergrößern (vgl. 2.5.5 – Polstermöbelpflege).

6. Bei empfindlichen Teppichbelägen an einer unauffälligen Stelle auf Farbechtheit prüfen.

7. Grundreinigung bei Verschmutzung (höchstens einmal im Jahr) manuell durch Aufsprühen und Einreiben von Trockenschaum, maschinell durch Auftragen und Einarbeiten des Schaumes durch den Schamponierer oder Einarbeiten von Reinigungspulver durch Pulverreinigungsgerät oder durch Einsatz eines Sprühextraktionsgerätes.

8. Gründlich fächerförmig absaugen, dabei das Arbeitstempo der Saugleistung des Gerätes anpassen. Je länger die Verweildauer auf den zu reinigenden Flächen ist, desto besser ist die Reinigung.

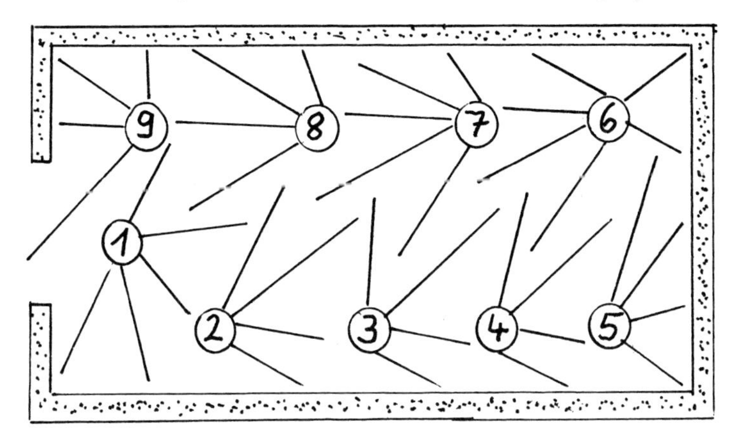

9. Zimmer wieder einräumen.

Nacharbeit

10. Betriebsmittel säubern, trocknen und wegräumen.

11. Papierfilter rechzeitig erneuern.

12. Staubfilter vor dem Luftaustritt nach achtmaligem Wechsel der Papierfilter erneuern.

13. Gehäuse nach Bedarf innen und außen feucht reinigen, Düsen säubern.

2.5.4 Aufgabe: Möbelpflege: Gebeizte, gewachste, mit Leinölfirnis behandelte, lackierte, polierte Holzmöbel, Tische mit Kunststoffplatte

Betriebsmittel: Neutralreiniger, evtl. Möbelspray (Pumpzerstäuber!), Möbelpolitur, Bienenwachs, Teaköl, Nähmaschinenöl, Graphitpulver, Chromputzmittel, Eimer, Ledertuch, Putzschwamm, Trikotlappen, Leinentuch, Bürste, Pinsel, Kupferfaserbürste.

Arbeitsgegenstand: Gebeizte, gewachste, mit Leinölfirnis behandelte, lackierte, polierte Holzmöbel, Tische mit Kunststoffplatte.

LERNABSCHNITT	ARBEITSABLAUF
Vorbereitung	1. Betriebsmittel vollständig bereitstellen.
	2. Möbel evtl. ausräumen, Flächen freiräumen, abrücken.
Durchführung	3. Möbel von innen, hinten, oben und unten abstauben und je nach Material der Oberfläche abstauben und reinigen, unbehandelte und gebeizte Flächen mit Neutralreinigerlösung abwischen.
	4. **Tischplatten aus Kunststoff** mit Ledertuch feucht abwischen, klebrige Verschmutzungen naß beseitigen, Unterkanten des Tisches nicht vergessen, ebenso Querhölzer, Beine und evtl. Schubladen.
	5. Hartnäckige Verschmutzungen auf der Kunststofffläche mit Putzschwamm und Neutralreiniger pur reinigen, kein Scheuermittel verwenden.
	6. **Gewachstes Holz** mit einem trockenen weichen Tuch von Staub befreien. Flecken, die durch Feuchtigkeit entstanden sind, mit einer Kupferfaserbürste gründlich abbürsten, die Stelle mit Bienenwachs nachbehandeln.
	7. **Holz mit Leinölfirnis** mit einem trockenen weichen Tuch von Staub befreien. Einmal im Jahr mit Teaköl kreisend und unter Druck einreiben, mit einem trockenen Leinentuch nachwischen.
	8. **Lackiertes Holz** mit einem trockenen weichen Tuch von Staub befreien. Ab und zu mit einem feuchten Tuch abwischen. Fingerspuren gehen weg, wenn man dem Wischwasser einen Spritzer Spülmittel (ohne bleichende Zusätze, Zitrone u. ä.) hinzufügt.
	9. **Poliertes Holz** mit einem trockenen weichen Tuch von Staub befreien. Höchstens einmal im Jahr mit Möbelpolitur kreisend und unter Druck einreiben. Bei Verwendung von Möbelspray darauf achten, daß es im Pumpzerstäuber abgefüllt worden ist und kein Silikon enthält.
	10. **Verzierungen** mit einer weichen Bürste blank reiben.
	11. **Scharniere** und Topfbänder (an den Schranktüren moderner Möbel) von Zeit zu Zeit mit harzfreiem Nähmaschinenöl betupfen, spätestens dann, wenn sie quietschen. Hat sich durch Reibung schon etwas Metall abgerieben, entfernt man dies mit einem feuchten Lappen, auf den man Neutralreiniger gibt. Schwergehende Schrankschlösser werden mit Graphitpulver wieder gangbar.

LERNABSCHNITT	ARBEITSABLAUF
	12. **Lackierte Metallteile** nur mit Neutralreinigerlösung säubern, keine scharfen Putzmittel verwenden.
	13. **Chromteile** mit einem speziellen Chromputzmittel pflegen.
	14. Möbel wieder an Ort und Stelle bringen, evtl. einräumen.
	15. Schrankoberteile mit Zeitungspapier abdecken, aber so, daß es unsichtbar bleibt und bei Zugluft nicht verrutschen kann.
Nacharbeit	16. Politurlappen wegwerfen, Tücher zum Trocknen aufhängen bzw. in die Wäsche geben, Betriebsmittel sauber und trocken wegräumen.

2.5.5 Aufgabe: Polstermöbelpflege

Betriebsmittel: Schaumreiniger, Neutralreiniger, spez. Fleckenentfernungsmittel s. u., Möbelpolitur, Staubsauger mit Polster- und Fugendüse, großer Eimer, Spezialschwamm für Schaumreiniger, Leinenlappen, Ledertuch, Trikotlappen.

Arbeitsgegenstand: Sessel, Sofa, Polsterstühle u. ä.

LERNABSCHNITT	ARBEITSABLAUF
Vorbereitung	1. Betriebsmittel vollständig bereitstellen.
	2. Arbeitsgegenstände an einen geeigneten Ort bringen.
Durchführung	3. Polster mit Polsterdüse, Fugen mit Fugendüse absaugen, lose Polster von allen Seiten, Polstermöbel auch von unten absaugen.
	4. Abbürsten in Strichrichtung.
	5. Druckstellen richten sich wieder auf, wenn man mit einem feuchten Schwamm darüberfährt oder ein feuchtes Tuch über Nacht darauf liegenläßt (nur feucht, nicht naß!).
	6. Reinigungsschaum nach Gebrauchsanweisung herstellen.
	7. Ganze Polster mit Schaum einreiben.
	8. Mit Leinenlappen oder farblich passendem Stoffrest trockenreiben.
	9. **Fleckenbehandlung** (Jedes Mittel an einer unsichtbaren Stelle ausprobieren, beim Reinigen mit Benzin Fenster öffnen.) Immer vom äußeren Rand zur Mitte hin behandeln.

Fett, Öl, Lippenstift, Bohnerwachs, Schuhcreme, Kaugummi und Sauce: Weißen Lappen mit Waschbenzin tränken (vorsichtig und sparsam), Fleck von außen nach innen reibend behandeln.
Kaffee, Kakao, Cola, Bier, Likör, Weiß-, Rotwein, Obst und Saft: Schwamm mit Feinwaschmittellösung oder Polster-Schaumreiniger tränken, Fleck von außen nach innen reibend behandeln, evtl. Spezial-Obstfleckenentferner nach Gebrauchsanweisung benutzen.
Blut, Eiweiß: Weißen Lappen mit kaltem Wasser oder speziellem Blutfleckenentferner tränken, Flecken von außen nach innen reibend behandeln.
Milch, Dosenmilch, Sahne: Weißen Lappen mit Waschbenzin tränken (vorsichtig und sparsam), Fleck von außen nach innen reibend behandeln, dann Schwamm mit einer warmen Feinwaschmittellösung oder Schaumreiniger tränken, Fleck wie oben beschrieben behandeln.
Kugelschreiber, Farbband: Weißen Lappen mit vorsichtig im Wasserbad erwärmtem Alkohol oder Spiritus tränken, Fleck von außen nach innen reibend behandeln.
Tinte: Fleck sofort nach dem Entstehen mit Löschblatt oder feuchtem Tuch aufsaugen, Rest mit einer frischen Zitronenscheibe oder mit einer Lösung aus ⅔ heißem Wasser und ⅓ Spiritus wie oben beschrieben behandeln oder speziellen Tintenfleckenentferner benutzen.
Wachs: Löschpapier (ersatzweise Papiertaschentücher) auf die Flecken legen und mit heißem Bügeleisen ausbügeln. Den zurückbleibenden Rest mit einem weißen Tuch, das mit Waschbenzin getränkt ist (vorsichtig und sparsam!), von außen nach innen reibend behandeln.
Urin: Lappen mit lauwarmem Sodawasser tränken, Fleck von außen nach innen reibend behandeln, mit frischem Wasser nachbehandeln.

10. **Glatte Ledermöbel**
ein- bis dreimal im Jahr feucht abwischen.
11. **Rauh- und Wildledermöbel**
mit einer Gummibürste oder ganz feinem Schleifpapier vorsichtig aufrauhen.
12. **Flecken auf Ledermöbeln**
gleich nach Entstehung abtupfen, mit Neutralreinigerlösung und einem weichen Tuch nachbehandeln.
13. Holzteile von Sesseln mit Ledertuch und Neutralreinigerlösung abreiben.
14. Holzteile, besonders Stuhlbeine, evtl. mit Politur behandeln.
15. Nach dem Trocknen die Polster nochmals gründlich absaugen, evtl. neuen Beutel verwenden.
16. Polstermöbel wieder an Ort und Stelle bringen.

LERNABSCHNITT	ARBEITSABLAUF
Nacharbeit	17. Tücher zum Trocknen aufhängen, Betriebsmittel säubern und wegräumen.

2.5.6 Aufgabe: Fensterputzen mit Rahmen

Betriebsmittel: Bei hohen Fenstern Trittleiter mit Abstellbrett, zwei Eimer, Schwammtuch, Ledertuch, Bodenlappen, Handfeger, Neutralreiniger, Salmiakgeist oder Spiritus, Putzwagen oder Servierwagen, Leinentuch.

Arbeitsgegenstand: Verschmutzte Fenster.

LERNABSCHNITT	ARBEITSABLAUF
Vorbereitung	**Wichtig:** Fenster niemals in der Sonne, bei Regen oder Frost putzen!
	1. Gardinen zur Seite ziehen, evtl. abnehmen, Fensterbrett abräumen, empfindliche Möbel und Böden abdecken.
	2. Fenster mit Rahmen und Mauerwerk außen abkehren.
	3. Betriebsmittel vollständig bereitstellen: 1. Eimer mit Neutralreinigerlösung bereitstellen, Schwammtuch dazunehmen. 2. Eimer mit Wasser füllen, einige Spritzer Spiritus dazugeben.
	4. Betriebsmittel auf den Putzwagen stellen.
Durchführung	5. Zuerst die Innenseite des Fensterrahmens, dann die Außenseite mit Schwammtuch abwaschen.
	6. Fenster erst von innen, dann von außen mit Neutralreinigerlösung einwaschen, dabei auf folgendes achten: – Doppelfenster öffnen – große Scheiben in 2 bis 3 Arbeitsabschnitten putzen – starke Verschmutzungen (Farbreste, Vogel- und Fliegenschmutz) mit Neutralreiniger pur und Schwammtuch oder im extremen Fall mit der Bürste entfernen – evtl. Serienarbeit vornehmen (z. B. bei Balkon- und Terrassenfenstern), erst innen, dann außen – die Scheiben zuerst von innen, dann von außen in der gleichen Weise reinigen. – **Naß wischen:** Linker Flügel, innen: linke Hand, außen: rechte Hand Rechter Flügel, innen: rechte Hand, außen: linke Hand – **Trocken wischen und polieren:** Linker Flügel, innen: linke Hand, außen: rechte Hand Rechter Flügel, innen: rechte Hand, außen: linke Hand

7. Scheiben mit Spiritus- oder Salmiakwasser und Ledertuch feucht wischen, Tuch ausspülen, fest auswringen und in spiralförmigen Bewegungen von oben nach unten putzen.

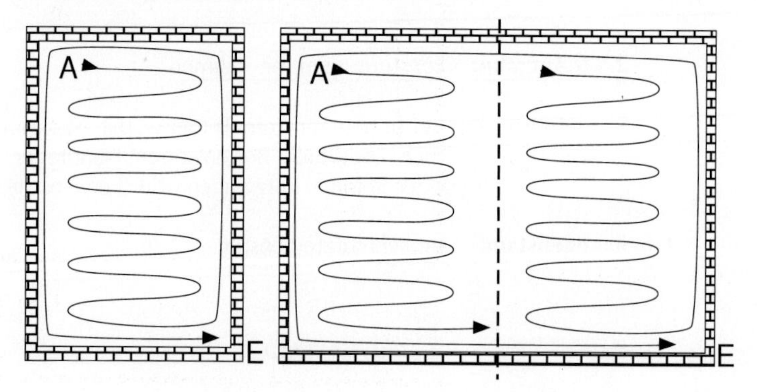

8. Mit leicht angefeuchteter Leinentuchrolle (zweimal zum Quadrat gefaltet, über eine Ecke tütenförmig zusammenrollen) nachreiben, Ecken besonders beachten!

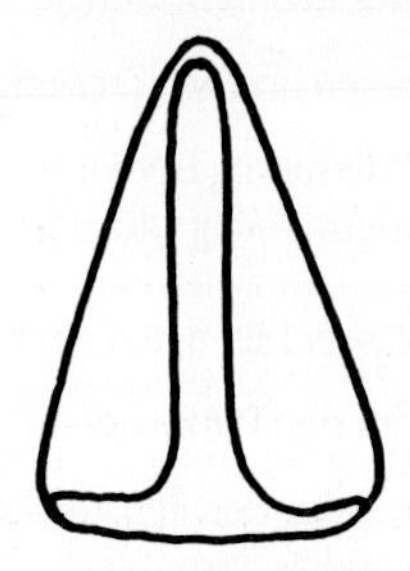

9. Doppelfenster schließen.
10. Fenstersims abwischen.
11. Evtl. gesäuberte Ziergegenstände und Blumentöpfe (Blumen gießen, trockene und verblühte Teile entfernen, Blumentöpfe und Untersetzer reinigen) wieder hinstellen.
12. Boden unter dem Fenster evtl. reinigen.

Nacharbeit

13. Tücher auswaschen, zum Trocknen aufhängen, Fensterleder nach Beendigung des Putzens vor dem Trocknen in Kernseifenlösung spülen, Eimer säubern und wegräumen.

Besonderheiten Glasreinigung mit Einwascher und Abzieher (langer Stiel)

1. Betriebsmittel s. o., zusätzlich Einwascher und Abzieher.
2. Einwascher eintauchen, überflüssige Nässe mit der Hand abstreifen.
3. Glas gut einwaschen: Zuerst mit dem Einwascher am oberen Rand waagerecht von links nach rechts, dann senkrecht in Zickzacklinien abschnittweise unter Druck waschen.

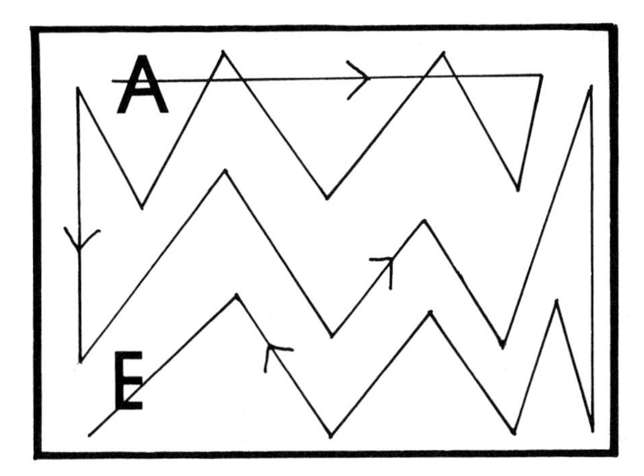

4. Anschließend das Glas nochmals waagerecht von oben nach unten waschen.

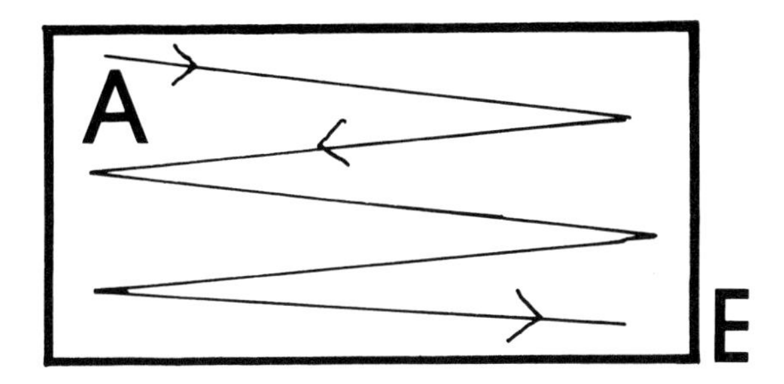

5. Fenster mit dem Abzieher abziehen, Abzieher ansetzen, nach unten ziehen.

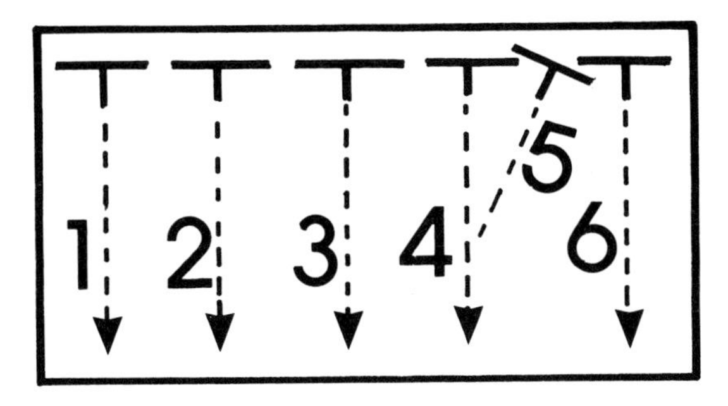

6. Abfließendes Wasser mit einem Schwammtuch auffangen.
7. Fensterränder und -ecken mit Leder- oder fusselfreiem Tuch nacharbeiten.
8. Tuch dabei keilförmig legen.
9. Den Keil in der oberen linken Ecke ansetzen und im Uhrzeigersinn die Ränder nachwischen.

10. Unteren Fensterrahmen und Fensterbank mit Leder- oder anderem feuchten Tuch nachtrocknen.

Nacharbeit

11. Tücher zum Trocknen aufhängen, Betriebsmittel säubern und wegräumen.

Glasreinigung mit Einwascher und Abzieher (kurzer Stiel)

1. Fenster in waagerechten Bahnen putzen, die erste Bahn mit dem Einwascher beginnen, dann Abzieher in die rechte Hand, Einwascher in die linke Hand nehmen, Abzieher am linken oberen Rand ansetzen und waagerecht abziehen, dabei den Einwascher unterhalb des Abziehers mitführen und dabei abfließendes Wasser auffangen.

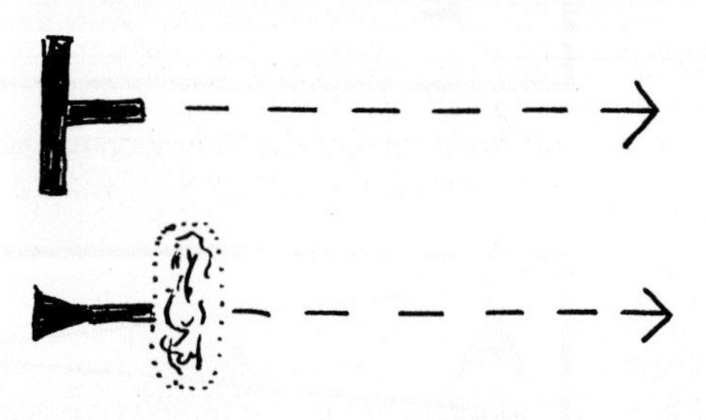

2. Abzieher am Einwascher abstreifen.
3. Abziehvorgang so wiederholen, daß sich die Bahnen etwas überlappen.

Nacharbeit

4. s. o.

Glasreinigung mit elektrischem Fensterreinigungsgerät

1. Blumentöpfe und andere Gegenstände vom Fenstersims räumen.
2. Tuch auf das Gerät spannen, Gerät anschließen.
3. Nur klares, möglichst destilliertes Wasser verwenden, Schwamm damit befeuchten.
4. Fensterreiniger kurz auf den Schwamm drücken bis es dampft.
5. Langsam, ruhig und mit leichtem Druck über die zu reinigende Fläche fahren, zuerst im Zickzack, dann ohne abzusetzen in geraden Bahnen.
6. Am Ende Gerät nicht absetzen, sondern über die Kante ziehen.
7. Tuch rechtzeitig wechseln.

Anmerkung:
Bei sehr breiten und hohen Fenstern empfiehlt es sich, das Glas in Abschnitten zu bearbeiten.
Bei Problemfenstern (schlechten Rahmen usw.) empfiehlt es sich, mit nebelfeuchtem Polierleinen nachzuarbeiten.
Abzieher:
– auf unbeschädigte Gummilippen achten (Gummilippe kann auch gedreht werden)

LERNABSCHNITT	ARBEITSABLAUF

– um saubere Ecken und Ränder zu erhalten, kann man die Gummilippen an den Kanten schräg abschneiden.

Einwascher:
Verlängerung des Stieles bis auf 4 m Höhe ermöglicht gefahrloses Arbeiten von außen.

Elektrisches Fensterreinigungsgerät:
Bei sehr starker Verschmutzung (Vogelschmutz, grober Staub) zuerst mit nassem Tuch behandeln, da sonst Gefahr von Kratzerbildung.

2.5.7 Aufgabe: Reinigung und Pflege von Türen

Betriebsmittel: Trittleiter oder feststehender Hocker, Eimer mit warmer Neutralreinigerlösung, weicher Putzlappen (Trikot), Ledertuch, Holzpflegemittel.

Arbeitsgegenstand: Verschmutzte Türen.

LERNABSCHNITT	ARBEITSABLAUF
Vorbereitung	1. Betriebsmittel vollständig bereitstellen.
Durchführung	2. Tür, Türfalz und -rahmen mit weichem Putzlappen abstauben.
– Trockenreinigung **– Naßreinigung**	3. Besonders stark verschmutzte Türen, Türfalze und -rahmen mit einem Reinigungsmittel feucht behandeln.
	4. Ledertuch in warmes Reinigungsmittel tauchen, gut ausdrücken und die Tür von unten nach oben abwischen.
	5. Ledertuch gut ausspülen und auswringen, die Tür noch einmal nachwischen.
	6. Besonders hartnäckige Flecken mit einem Putzlappen, der mit etwas Reinigungsmittel versehen ist, abreiben, nachwischen, trocknen lassen.
	7. Türklinke mit einem entsprechenden Metallputzmittel nach Gebrauchsanweisung behandeln, evtl. Schildschablonen beim Putzen benutzen, um Überschmieren auf dunkles Holz zu vermeiden (nicht bei Messingtürdrückern, die mit einer Schutzlackierung versehen sind!).
Gewachste Tür	8. Tür, Türfalz und -rahmen trocken reinigen.
	9. Tür, Türfalz und -rahmen mit einem Holzpflegemittel hauchdünn einreiben und mit einem weichen Putzlappen kreisend polieren.
	10. Türklinken wie oben beschrieben behandeln.
Nacharbeit	11. Betriebsmittel reinigen, trocknen und wegräumen.

LERNABSCHNITT	ARBEITSABLAUF
2.5.8 Aufgabe:	Gründliche Reinigung von Besen, Bürsten und Schrubbern
Betriebsmittel:	Neutralreiniger, Bürstenkratzer, Plastikwanne, Trikotlappen, Bodenlappen, Vaseline oder Möbelpolitur.
Arbeitsgegenstand:	Verschmutzte Besen, Bürsten, Schrubber.

LERNABSCHNITT	ARBEITSABLAUF
Vorbereitung	1. Betriebsmittel und Arbeitsgegenstände vollständig bereitstellen. Arbeitsplatz sinnvoll einrichten.
	2. Geräte nach ihrem Verschmutzungsgrad ordnen.
	3. Mit Bürstenkratzer Borsten auskämmen.
	4. Warme Neutralreinigerlösung bereitstellen.
Durchführung	5. Je nach Material Stiele behandeln.
	6. Mit ausgewaschenem und gut ausgewrungenem Trikotlappen nachwischen.
	7. Polierte Bürstenrücken mit Vaseline oder Möbelpolitur hauchdünn einreiben.
	8. Borsten in die Neutralreinigerlösung eintauchen und mit der Hand auswaschen, Bürstenrücken nicht vergessen! Polierte Bürstenrücken sind vor Wasser zu schützen, auf keinen Fall darf Wasser in den Bürstenrücken eindringen!
	9. Borsten in klarem Wasser nachspülen.
	10. Nässe über der Wanne ausschlagen.
	11. Alle Geräte hängend trocknen lassen, Bürsten evtl. auf der Seite liegend trocknen, Bürstenrücken erhöht lagern, evtl. dazu Trockenständer benutzen, nicht in praller Sonne trocknen.
	12. Tropfende Nässe auffangen.
	13. Spülbürsten aus Kunststoff in der Geschirrspülmaschine reinigen.
	14. Nach dem Trocknen Besen, Bürsten und Schrubber wegräumen.
Nacharbeit	15. Arbeitsplatz aufräumen, Betriebsmittel säubern, trocknen und wegräumen.

2.5.9 Aufgabe: Reinigung und Pflege von Lederschuhen

Betriebsmittel: Pflegemittel

- in Dosen (Ölware): für robuste Lederarten
- Tubencreme (Emulsionsware): für empfindliche Lederarten
- Selbstglanzmittel (Flüssigware): für die schnelle Pflege zwischendurch, möglichst selten verwenden
- Imprägnier-, Pflege- und Reinigungssprays: nur mit Pumpzerstäuber, ohne FCKW und Silikone verwenden
- Spezialpflegemittel: Lackpflege, Schuhweiß, Schneerandentferner, Lederfett, evtl. Dosenmilch

Abreibbürste, Scheuerbürste, Trikotlappen, Eimer, Zeitungspapier, Wachstuchdecke, Einreibebürste, Polierbürste oder -tücher.

Arbeitsgegenstand: Verschmutzte Lederschuhe.

LERNABSCHNITT	ARBEITSABLAUF
Vorbereitung	1. Arbeitsgegenstände: Trockene Schuhe (geordnet nach Verschmutzungsgrad und Farbe) und Betriebsmittel vollständig bereitstellen, Arbeitsplatz mit Zeitungspapier oder Wachstuchdecke auslegen, sinnvoll einrichten.
	2. Schnürsenkel entfernen, evtl. vorsichtig waschen.
Durchführung	3. Groben trockenen Schmutz zuerst mit der Abreibbürste gründlich abbürsten, dabei Absätze, Ansätze der Zungen und Sohlen nicht vergessen! Evtl. verbleibende Verschmutzungen mit feuchtem Trikotlappen entfernen.
	4. Pflegemittel dünn auftragen. Zunge, Sohlenrand und Absätze – bei Lederschuhen Steg – nicht vergessen. Pflegemittel einziehen lassen.
	5. Mit Polierbürste oder -tuch Pflegemittel auspolieren, verbleibende Schneeränder mit etwas Dosenmilch abreiben.
	6. Schuhe mit Schuhspanner versehen, wegräumen, luftig aufbewahren.
Nacharbeit	7. Arbeitsplatz säubern, Betriebsmittel säubern, trocknen und wegräumen. **Wichtig:** Durchnäßte Schuhe mit Papier (Küchenkrepp über Zeitungspapierballen) ausstopfen, auf der Seite liegend trocknen lassen (nicht an der Heizung), dann weiter behandeln wie oben beschrieben.
Besonderheiten – Rauhleder	
Vorbereitung	1. wie oben.

LERNABSCHNITT	ARBEITSABLAUF
Durchführung	2. Schuhe mit Gummibürste abreiben.
	3. Blank gewordene Stellen mit einer feinen Drahtbürste oder Schmirgelpapier aufrauhen, über Wasserdampf führen.
	4. Die Farbe von Zeit zu Zeit mit Wildlederpflegemittel auffrischen (draußen an der frischen Luft).
	5. Neue Rauhlederschuhe imprägnieren (Vorsicht bei der Anwendung – nicht in geschlossenen Räumen!), damit sie vor Nässe geschützt werden.
	6. Weitere Arbeiten s. o.
Nacharbeit	7. wie oben.

2.5.10 Aufgabe: Reinigung von Glaswaren

Betriebsmittel: Spültuch, Spülbürste, Gläsertuch aus Leinen, Spülmittel, Essig, Salz, Reis, evtl. verseifte Stahlwolle und Geschirrspülmaschinenmittel.

Arbeitsgegenstand: Gläser, Glasvasen, -schüsseln, -formen.

LERNABSCHNITT	ARBEITSABLAUF
Vorbereitung	1. Arbeitsgegenstände bereitstellen.
	2. Betriebsmittel vollständig bereitstellen.
	3. In das rechte und linke Spülbecken heißes Wasser einfüllen.
	4. In das rechte Becken Spülmittel zugeben.
Durchführung	5. Glaswaren einzeln spülen, sofort nachspülen und zum Abtropfen umgekehrt auf das Ablaufbrett stellen. – Milchgefäße immer zuerst kalt ausspülen. – Gläser mit Öffnung zuerst ins heiße Wasser eintauchen.
	6. Glaswaren immer mit sauberem Leinentuch abtrocknen.
	7. Stielgläser zum Abtrocknen immer am Kelch anfassen.

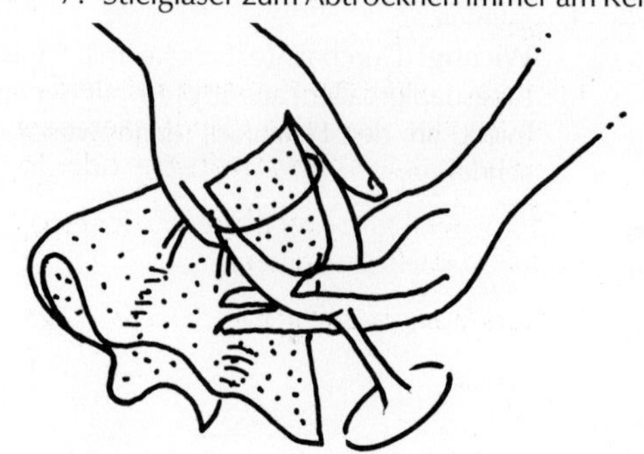

LERNABSCHNITT	ARBEITSABLAUF
	8. Gegenstände wegräumen, Gläser in den Schrank einordnen (mit Öffnung nach unten).
Besonderheiten – Kalkansätze	9. Kalkansätze in Blumenvasen mit warmem Essigwasser und Salz und Reis durch Schütteln entfernen.
	10. Trüb gewordenes Glas mit Essig oder Zitronensäure abreiben.
	11. Glaswaren, die als Ziergegenstände Verwendung finden, mit Spirituswasser reinigen.
– Verkrustungen	12. Verkrustungen an feuerfesten Glasformen einweichen.
	12. Fest haftende Verkrustungen mit verseifter Stahlwolle entfernen oder notfalls im größeren Topf mit Geschirrspülmittel auskochen.
	14. Sonstiger Ablauf wie oben beschrieben.
Nacharbeit	15. Arbeitsplatz säubern, Betriebsmittel säubern, trocknen und wegräumen.

2.5.11 Aufgabe: Reinigung von Metallen im Haushalt

Betriebsmittel: Spülmittel, Neutralreiniger, verseifte Stahlwolle, Putzschwamm, Stahlpflegemittel, Zeitungspapier oder Wachstuchdecke als Unterlage, Geschirrtuch, Essig.

Arbeitsgegenstand: Koch- und Brattöpfe, Stielpfannen, Backbleche u. a.

LERNABSCHNITT	ARBEITSABLAUF
Vorbereitung	1. Arbeitsgegenstände und Betriebsmittel vollständig bereitstellen.
	2. Arbeitsplatz sinnvoll einrichten.
Durchführung – Eisengeräte	3. Gegenstände vom gröbsten Schmutz befreien und in warmem Wasser einweichen, wenn möglich zudecken.
	4. Spülwasser herrichten.
	5. Geräte aus Metall heiß spülen, nachspülen und anschließend gut abtrocknen.
	6. Flecken und Schmutzränder mit dem Putzlappen und einem Reinigungsmittel abreiben (Sandpapier oder Scheuerbürste **nicht** verwenden, statt dessen Spülbürste oder Topfschwamm).
	7. Stets auf fester Unterlage (Zeitungspapier oder Wachstuchdecke auf Arbeitsfläche) putzen.
	8. Geräte anschließend wie oben beschrieben spülen.

– Aluminiumgeräte

9. In größeren Zeitabständen Scheuerpulver oder verseifte Stahlwolle verwenden, in Schleifrichtung erst von innen, dann von außen putzen.
   Wichtig: Eloxiertes Aluminium nie mit groben Reinigungsmitteln oder -geräten reinigen, nur Spülmittel verwenden. Kesselstein durch Auskochen mit Essigwasser entfernen.
10. Aluminiumkochtöpfe, die innen grau geworden sind, mit Essigwasser (evtl. Rhabarberblättern) auskochen.

– Edelstahlgeräte

11. Edelstahl immer gut abtrocknen.
12. Von Zeit zu Zeit mit Edelstahlreiniger nach Gebrauchsanweisung und feuchtem Tuch leicht einreiben, mit klarem Wasser abspülen und mit einem trockenen Tuch blank reiben, evtl. Essigwasser zum Nachspülen verwenden. Grobe Reinigungsmittel und -geräte bzw. verseifte Stahlwolle nur für den Topfboden verwenden.

– Emaille

13. Angebrannte Speisereste nie auskratzen, Topf mit kalter Reinigungsmittellösung einweichen.
14. Abschließend mit wenig Reinigungsmittel auskochen, mit heißer Spülmittellösung auswaschen, mit klarem Wasser nachspülen, gut trocknen.

– Silitstahl

15. In Spülmittellösung reinigen.
16. Schutzschicht nicht durch grobe Behandlung zerstören (**keine** Scheuerbürste oder Sandpapier verwenden), evtl. mit Spülmittellösung auskochen, bei Bedarf Vorgang wiederholen.
17. In klarem Wasser nachspülen, gut trocknen.
18. Planböden dünn mit Spezialpflegemittel einreiben.

– Schwarzblech

19. Schwarzblech nach Gebrauch in warmem Zustand mit zusammengeknülltem Küchenpapier kreisförmig abreiben.
20. Schmutz mit weichem Papier entfernen, besonders in den Ecken, evtl. Holzspieß verwenden.
21. Häufig benutzte Gegenstände mit ungesalzenem Fett dünn einreiben.
22. Schwarzblech nur bei starker Verschmutzung in heißem Wasser spülen und abtrocknen, evtl. einfetten.

– Weißblech

23. Lappen in Spülmittellösung tauchen und gründlich polieren, solange Gerät noch warm ist. **Keine** verseifte Stahlwolle verwenden.
24. Mit weichem Putzlappen nachreiben.
25. Geräte, die stark verschmutzt sind, in Geschirrspülmittel langsam zum Kochen bringen und ziehen lassen, nicht scheuern.
26. Anschließend wie oben beschrieben weiterbehandeln.

Nacharbeit

27. Geräte erst trocknen lassen, dann wegräumen.
28. Arbeitsplatz säubern, Betriebsmittel säubern, trocknen und wegräumen.

2.5.12 Aufgabe: Reinigung von Rohholz

Betriebsmittel: Heiße Spülmittellösung, Spülbürste, Spültuch, Putzschwamm, Scheuermittel, Geschirrtuch, Wachstuchdecke, evtl. Bolus, Stahlwolle, Sandpapier, Vollwaschmittel, Glasscherben, Leukoplast, Tesakrepp.

Arbeitsgegenstand: Bretter, Holzlöffel u. ä.

LERNABSCHNITT	ARBEITSABLAUF
Vorbereitung	1. Arbeitstisch mit Plastikdecke belegen.
	2. Arbeitsgegenstände zusammenholen und geordnet nebeneinanderlegen, um Serienarbeit zu ermöglichen, Betriebsmittel vollständig bereitstellen.
	3. Arbeitsplatz sinnvoll einrichten.
Durchführung	4. Rohholzgeräte schnell und gründlich spülen.
	5. Nachspülen und gut abtrocknen.
	6. Bei gründlicher Reinigung Holz mit etwas Scheuermittel versehen, auf den Arbeitstisch legen.
	7. Mit einer Bürste gründlich in Richtung der Maserung scheuern.
	8. Nach dem Scheuern die Holzgeräte in klarem Wasser gründlich nachspülen.
	9. Rohholzgeräte an der Luft völlig trocknen lassen, nicht in der Sonne oder an der warmen Heizung.
Nacharbeit	10. Arbeitsplatz säubern, Betriebsmittel säubern, trocknen und wegräumen.
Besonderheiten	11. Holzgeräte erst nach dem Trocknen einräumen, trocken und luftig aufbewahren. **Wichtig:** Holzbretter vor dem Gemüseschneiden anfeuchten!
Fleckentfernung	
– Fettflecke	1. Bolus und Wasser zu einem Brei verrühren, Rohholz mit dem Bolusbrei bestreichen und über Nacht einziehen lassen. Bolusbrei danach mit Wasser und Sand abscheuern, wie zuvor beschrieben weiterbehandeln.
– Farbflecke	2. Tinte, Rotkohl, Petersilie Rohholz mit Stahlwolle oder Sandpapier in Faserrichtung abziehen. Evtl. mit Vollwaschmittel, das zu Brei verrührt wird, Flecken scheuern. Wie zuvor beschrieben weiterbehandeln.
– Brandflecke	3. Glasscherben mit Tesakrepp oder Leukoplast umwickeln und trockenen Gegenstand in Faserrichtung abziehen. Wie zuvor beschrieben weiterbehandeln.

2.5.13 Aufgabe: Reinigung von Gegenständen aus Messing, Kupfer und Zinn

Betriebsmittel: Zeitungspapier, Wachstuchdecke, Spülmittellösung, alte Zahnbürste, Spiritus, flüssiges Scheuermittel, weiches Poliertuch, Metallreinigungs- und -plegemittel oder entsprechende umweltschonende Alternativen wie Zitronensaft und Salz, Schachtelhalmbrühe.

Arbeitsgegenstände: Vasen, Schalen und Zierat aus Messing, Kupfer und Zinn.

LERNABSCHNITT	ARBEITSABLAUF
Vorbereitung	1. Arbeitsplatz sinnvoll einrichten, mit Zeitungspapier oder Wachstuchdecke belegen.
	2. Arbeitsgegenstände und Betriebsmittel vollständig bereitstellen.
	3. Geräte (Ausnahme: Messing mit Schutzlack) heiß spülen, nachspülen und anschließend gut trocknen lassen.
Durchführung – Kupfer	4. Mit weichem Tuch und Metallputzmittel einreiben, nachpolieren, Rillen ausbürsten. Geeignet ist auch eine Mischung aus eine halbe Tasse Zitronensaft und einer Handvoll Salz.
– Messing	5. Wie 4.
	6. Bei Gegenständen mit Schutzlackierung nur mit feuchtem Tuch abreiben. Fliegenflecken mit Spiritus abreiben, trocknen. **Vorsicht:** Lack nicht beschädigen, notfalls erneuern.
– Zinn	7. Bei starken Verunreinigungen mit geeigneten Reinigungs- und Pflegemittel oder Zinnkraut-(Schachtelhalm-)Brühe und weichem Tuch nachpolieren, abwaschen, gründlich trocknen.
Nacharbeit	8. Gegenstände trocken wegräumen.
	9. Arbeitsplatz säubern. Betriebsmittel säubern, evtl. trocknen und wegräumen.

2.5.14 Aufgabe: Reinigung von Kunststoffgegenständen

Betriebsmittel: Spülmittellösung, Netzschwamm, Spülbecken, Spülbürste, Neutralreiniger, Geschirrtuch.

Arbeitsgegenstand: Kunststoffschüsseln, -geräte u. ä.

LERNABSCHNITT	ARBEITSABLAUF
Vorbereitung	1. Arbeitsplatz sinnvoll einrichten.
	2. Arbeitsgegenstände und Betriebsmittel vollständig bereitstellen.

LERNABSCHNITT	ARBEITSABLAUF
	3. Warme Spülmittellösung für Thermoplaste herstellen.
	4. Verkrustungen werden in warmem Wasser aufgeweicht.
Durchführung	5. Kunststoffgegenstände werden in der Spülmittellösung mit einem Spültuch und einer weichen Spülbürste gespült.
	6. Grobe Reinigungsmittel (Scheuermittel, scharfe Bürsten, Stahlbürsten) vermeiden.
	7. **Beachten:** Nicht alle Kunststoffgegenstände sind für das Reinigen in der Geschirrspülmaschine geeignet, geeignete Gegenstände nur in den oberen Korb stellen.
	8. Geschirrspülgeeigneter Kunststoff trocknet schlecht, deshalb nachtrocknen.
	9. Hartnäckige Verschmutzungen mit einer Mischung aus Spülmittel pur, Essig und Salz entfernen.
	10. Gründlich nachspülen.
	11. Abtrocknen, wegräumen.
Nacharbeit	12. Betriebsmittel säubern, evtl. trocknen und wegräumen.
	13. Spülbecken säubern.

2.5.15 Aufgabe: Reinigung von Silber

Betriebsmittel: Zeitungspapier oder Wachstuchdecke, Silberputztuch oder -watte, flüssiges Silberputzmittel, Salz und Alufolie (Vorsicht bei Oxidierungen), Spülmittellösung, Spülbürste, Geschirrtuch, alte Zahnbürste, Wattestäbchen.

Arbeitsgegenstand: Silberbestecke, -schalen, -zierat u. ä.

LERNABSCHNITT	ARBEITSABLAUF
Vorbereitung	1. Arbeitsplatz sinnvoll einrichten. Papier oder Wachstuchdecke auf Arbeitsfläche auslegen.
	2. Betriebsmittel und Arbeitsgegenstände vollständig bereitstellen.
Durchführung	3. Gegenstände in heißer Spülmittellösung reinigen, abtrocknen.
	4. Auf Verschmutzungen zwischen den Gabelzinken achten, evtl. mit alter Zahnbürste oder Wattestäbchen reinigen.

5. Noch warme Gegenstände unter leichtem Druck (diese dabei auf der Arbeitsfläche abstützen) mit Silberputzflüssigkeit einreiben, nach Gebrauchsanweisung nachbehandeln, spülen, auf Verschmutzungen zwischen den Gabelzinken achten, abtrocknen.

6. Die Anwendung von Alufolie und Salz: In eine 5 Ltr. fassende weite Plastikschüssel 3 Ltr. kochend heißes Wasser mit 100 g Salz auf ein großes Stück Alufolie geben. Bestecke (Vorsicht bei Messern) hineinlegen, sie müssen direkten Kontakt zur Alufolie haben.

7. Oxidierte Ziersilberteile nicht ins Tauchbad geben.

8. Gegenstände, die mit Nahrungsmitteln in Berührung kommen, wie z. B. Bestecke (Gabelzinken!), spülen, gründlich abtrocknen.

9. Geräte wegräumen, Silberbestecke werden in farbigem Samt oder Seidenpapier aufgehoben.

Nacharbeit

10. Arbeitsplatz säubern. Betriebsmittel säubern, evtl. trocknen und wegräumen.

3 Wäschepflege

3.1 Maßnahmen zum Schutz der Umwelt

1. Nicht durch die Werbung verunsichern lassen und auf keinen Fall ein schlechtes Gewissen haben, wenn man dem Werbeideal nicht genügt.
2. Auf phosphathaltige Waschmittel verzichten, statt dessen Waschmittel mit z. B. Zeolith verwenden.
3. Dosierhinweise beachten; weniger erfüllt meistens den gleichen Zweck.
   Wichtig: Die Meßbecher der verschiedenen Waschmittel sind unterschiedlich groß. Auf die Markierung achten. Sie liegt zumeist deutlich unter dem Becherrand.
4. Statt eines Vollwaschmittels das »Baukastensystem« verwenden.
5. Für die 30° - und 60° -Wäsche ein Feinwaschmittel verwenden.
6. Weichspüler sind nur bei Synthetics angebracht.
7. Zusätzliche Enthärter bei sehr hartem Wasser (Härtebereich 4) einsetzen.
8. Beim Wasserwerk nach der Wasserhärte erkundigen, denn bei weichem Wasser spart man noch die Hälfte an Waschmitteln im Vergleich zu sehr hartem Wasser.
9. Je heißer die Wäsche gewaschen wird, desto teurer wird sie. 60° -Wäsche ist hygienisch einwandfrei (Ausnahme: Säuglings- und Krankenwäsche, bei Fuß- oder Hautpilzgefahr). Leicht verschmutzte Wäsche wird bei 30 °C sauber.
10. Bei normaler Verschmutzung kann auf die Vorwäsche verzichtet werden; dadurch lassen sich Wasser und Waschmittel sparen.
11. Wenn eine ganze Maschinenfüllung zusammengetragen ist, waschen. Das Sparprogramm ist prinzipiell zu empfehlen; es sollte aber die Ausnahme bleiben, denn es verbraucht pro Kilogramm Wäsche mehr Wasser, mehr Energie und mehr Waschmittel.
12. Flüssigmittel sind bis jetzt keine Alternative, da sie wesentlich mehr Tenside enthalten, schwerer zu dosieren sind und die Behälter bei der Entsorgung eventuell problematisch sind.
13. Nicht gerade an einem Montag oder Samstag waschen. Die Gepflogenheit deutscher Haushalte, immer am gleichen Tag zu waschen, führt zu enormen Strom- und Wasserverbrauchsspitzen.

14. Die Waschmaschine (wenn damit die Nachbarn nicht gestört werden) erst nach 22.00 Uhr einschalten.

15. Das Wasser aus den Spülgängen läßt sich wiederverwenden. Für den Neubau von Einfamilienhäusern werden Wasserverbundsysteme angeboten. Das Wasch- und Spülwasser wird in einem Tank gesammelt und z. B. zur WC-Spülung benutzt.

Waschen (Hand- und Maschinenwäsche) Symbol: Waschbottich	95	95	60	60	40	40	30	
	Normalwaschgang	Schonwaschgang (waschtechnisch mildere Behandlung z. B. pflegeleicht)	Normalwaschgang	Schonwaschgang (waschtechnisch mildere Behandlung z. B. pflegeleicht)	Normalwaschgang	Schonwaschgang (waschtechnisch mildere Behandlung z. B. pflegeleicht)		nicht waschen
Chloren Symbol: Dreieck	Cl chloren möglich							nicht chloren
Bügeln Symbol: Bügeleisen	starke Einstellung		mittlere Einstellung		schwache Einstellung			nicht bügeln
	Die Punkte entsprechen den auf manchen Regler-Bügeleisen noch zusätzlich verwendeten Temperaturen erreichen, die zwar nicht einheitlich, überwiegend aber abgestellt sind auf:							
	Baumwolle Leinen		Wolle, Seide, Polyester, Viskose		Chemiefasern, z. B. Polyacryl, Polyamid, Acetat			
Chemischreinigen Symbol: Reinigungstrommel	A normale Kleidung	P normale Kleidung	P reinigungstechnisch empfindliche Kleidung		F normale Kleidung	F reinigungstechnisch empfindliche Kleidung		nicht chemisch reinigen
	Der Kreis sagt, ob in organischen Lösemitteln gereinigt werden kann oder nicht. Die Buchstaben sind lediglich für die Chemischreinigung bestimmt und geben einen Hinweis für die in Frage kommende Reinigungsart.							
Trocknen	⊙		⊙⊙		⊠			

3.2 Aufgabe: Sortieren und Vorbehandeln der Wäsche

Betriebsmittel: Verschiedene Waschkörbe, Bürste, Schere, Nähgarn, Nadel, Waschpaste, Waschmittel.

Arbeitsgegenstand: Verschmutzte Wäsche aus unterschiedlichen Materialien.

LERNABSCHNITT	ARBEITSABLAUF
Vorbereitung	1. Betriebsmittel und Arbeitsgegenstand vollständig bereitstellen, Arbeitsplatz sinnvoll einrichten.
	2. Sortieren der Wäsche nach den eingearbeiteten gebräuchlichen Pflegesymbolen.

3. Weiße oder bunte Textilien aus natürlichen und synthetischen Fasern wäscht man sicherheitshalber getrennt.
4. Wenn die Pflegekennzeichen fehlen, sind Mischgewebe so zu behandeln, wie es die empfindlichste Faser verträgt.

Durchführung

5. Wäsche für den Normalwaschgang bei 95 °C ist z. B. weiße Wäsche aus Baumwolle oder Leinen, wie Bett- und Tischwäsche, Unter- und Küchenwäsche.

6. Wäsche für den Schonwaschgang bei 95 °C ist z. B. weiße Wäsche aus hochveredelter Baumwolle oder Leinen mit kochfester, knitterarmer bzw. bügelarmer Ausrüstung bei Bettwäsche, Oberhemden, Kitteln.

7. Wäsche für den Normalwaschgang bei 60 °C sind Wäschestücke aus Leinen oder Baumwolle, die aufgrund ihrer Färbung oder Ausrüstung hohe Temperaturen nicht vertragen, wie farbige Hemden, Blusen, dunkle Frotteetücher, Nachtwäsche. Bei Hemden und Blusen Kragen nach innen stecken.

8. Wäsche für den Schonwaschgang bei 60 °C ist Wäsche aus Polyester, Polyamid, Elasthan, Viskose oder Modal. Weiße Baumwollmischgewebe können bis 60 °C gewaschen werden.
9. Wäsche für den Normalwaschgang bei 40 °C sind farbempfindliche Textilien aus Baumwolle, Leinen, Viskose, farbige synthetische Materialien, Polyacryl, Polyamid und Acetatfasern (weiß und farbig).

10. Wäsche für den Schonwaschgang bis höchstens 30 °C sind nur Artikel mit dem Wollsiegel und dem Zusatz »nicht filzend« oder »waschmaschinenfest«.

11. Wäsche für die Handwäsche sind Artikel aus Seide und empfindliche, nicht waschmaschinenfeste Wollwaren und Chemiefasern.
12. Neue, farbige Wäsche gesondert waschen, bis die Farbüberschüsse herausgewaschen sind.

13. Empfindliche Wäschestücke nach links drehen (Cord u. ä.).
14. Kleine Teile evtl. im Waschbeutel oder -netz waschen.
15. Taschen, Ecken, Nähte der Wäschestücke ausbürsten, Bett- und Kissenbezüge auf die linke Seite ziehen und die Fusseln ausbürsten, Knöpfe schließen.
16. Schadhafte Stellen ausbessern bzw. sichern.
17. Evtl. Fleckentfernung (s. u.) durchführen.
18. Reißverschlüsse schließen, Knöpfe schließen, beschädigte Knöpfe abnehmen, ersetzen, Gürtel entfernen, Hosentaschen leeren.
19. Rostende und färbende Teile abnehmen.

LERNABSCHNITT	ARBEITSABLAUF
	20. Stark verschmutzte Stellen (z. B. Hemdkragen) mit einer Waschpaste oder einem Brei aus dem zu benutzenden Waschmittel vorweichen.
	21. Lange Bänder verknoten, damit sie sich bei der Wäsche nicht verwickeln und evtl. abreißen.
Nacharbeit	22. Arbeitsplatz aufräumen, säubern und alle Betriebsmittel säubern, trocknen und wegräumen.

3.3 Aufgabe: Waschen (Maschine)

Betriebsmittel: Waschmittel für die jeweiligen Temperaturen, Wäschekorb.

Arbeitsgegenstand: Maschinengeeignete, verschmutzte und sortierte Wäsche.

LERNABSCHNITT	ARBEITSABLAUF
Vorbereitung	1. Betriebsmittel und Arbeitsgegenstand vollständig bereitstellen. Arbeitsplatz sinnvoll einrichten.
Durchführung	2. Sortierte und vorbereitete Wäsche locker in die Waschmaschinentrommel einlegen. Große und kleine Wäschestücke gemischt waschen.
	3. Die Waschtrommel ist richtig gefüllt, wenn der Abstand zwischen schwach zusammengedrücktem trockenem Waschgut und dem oberen Trommelrand etwa eine Handbreit beträgt.
	4. Die Trommel mit pflegeleichten Materialien oder Gardinen zu einem Viertel füllen.
	5. Wasserhahn öffnen.
	6. Waschprogramm und Temperatur wählen.
	7. Waschmittel nach Empfehlung auf der Packung abmessen und in den Waschmittelbehälter einfüllen. Bei Maschinen älterer Bauart erst kurz vor Ende des ersten Wasserzulaufs Waschmittel eingeben.
	Zuwenig Waschmittel kann zu Fettläusen (Rückstände von Fettverschmutzungen) führen.
	Zuviel Waschmittel belastet die Gewässer unnötig.
	8. Maschine in Betrieb setzen, Programmablauf überwachen.
Nacharbeit	9. Nach dem Waschvorgang Wasserhahn schließen.
	10. Tür öffnen.

LERNABSCHNITT	ARBEITSABLAUF

11. Maschine ausschalten, Programmschalter in Ausgangsposition bringen.
12. Wäsche vorsichtig entnehmen und geordnet in den Korb legen.
13. Waschtrommel kontrollieren, ob **alle** Wäsche entnommen ist.

3.4 Aufgabe: Waschen von Feinwäsche (Hand)

Betriebsmittel: Woll- oder Feinwaschmittel, Essig, Frotteehandtücher, Kleiderbügel aus Kunststoff, Wäscheklammern, 2 bis 3 Kunststoffschüsseln oder Doppelbeckenspüle, Thermometer, Zentimetermaß, Schreibzeug, farbechter Faden und Nähnadel.

Arbeitsgegenstand: Verschmutzte Feinwäsche, die nur von Hand gewaschen werden darf (Pflegekennzeichen beachten).

LERNABSCHNITT	ARBEITSABLAUF
Vorbereitung	1. Betriebsmittel und Arbeitsgegenstand vollständig bereitstellen. Arbeitsplatz sinnvoll einrichten.
	2. Wäsche in helle und dunkle Stücke sortieren, Wäschestücke auf sichtbare Verschmutzungen ansehen, evtl. mit Vorwaschpaste oder Waschmittelbrei vorbehandeln, Knöpfe und Reißverschlüsse schließen, Flecken – wenn erforderlich – mit farbechtem Faden umranden. Wollene Stricksachen sollen vor dem Waschen ausgemessen und die Maße notiert werden. Bei neuen Stücken auf Farbechtheit prüfen: anfeuchten, in weißem Stoff ausdrücken.
Durchführung	3. Waschflotte zubereiten (Flottenverhältnis 1 : 10) bei einer Temperatur von 20 °C.
	4. Zuerst helle Wäschestücke einzeln in die Waschlauge einlegen und kurze Zeit einwirken lassen.
	5. Wäschestücke leicht durchdrücken (nicht wringen und nicht reiben), auf stark verschmutzte Stellen erst Waschmittelbrei geben (nicht bei Wollsachen), leicht einstreichen und einwirken lassen. Nochmals in der Waschlauge durchdrücken.
Spülen	6. Mindestens drei- bis viermal in klarem, fast kaltem Wasser schwenken, bis das Spülwasser klar ist, auf gleiche Temperatur achten.
	7. Bei farbempfindlichen Stücken aus Seide und Wolle etwas Essig ins Spülwasser geben, evtl. auch schon ins Waschwasser.
Trocknen	8. Wäsche gut ausdrücken (nicht wringen), im Frotteetuch einrollen, ausdrücken oder – wenn Schleuder vorhanden – **kurz** anschleudern.

LERNABSCHNITT	ARBEITSABLAUF
	9. Empfindliche Wäschestücke in Form ziehen (Maße beachten) und zum Trocknen glatt auf einem Frotteetuch auslegen, auf Wäscheständern ausbreiten, nicht aufhängen.
	10. Blusen und Hemden auf Kunststoffbügel hängen, Socken auf die Leine hängen und an der Spitze festklammern.
	11. Wäsche nicht in der prallen Sonne (Ausnahme: weiße Sachen aus Naturfasern) oder an der warmen Heizung trocknen.
Nacharbeit	12. Arbeitsplatz säubern, aufräumen, Betriebsmittel trocken und sauber wegräumen.

3.5 Aufgabe: Trocknen der Wäsche auf der Leine

Betriebsmittel: Wäscheklammern, Wäscheleine, feuchtes Tuch.

Arbeitsgegenstand: Gewaschene Wäsche.

LERNABSCHNITT	ARBEITSABLAUF
Vorbereitung	1. Betriebsmittel und Arbeitsgegenstand vollständig bereitstellen. Auf saubere Klammern und Wäscheleine achten (für 4 kg gemischte Wäsche benötigt man ca. 15 bis 20 m Wäscheleine).
	2. Klammerbeutel im Greifbereich an die Leine hängen oder Klammerschürze umbinden. Rechtshänder hängen von rechts nach links auf.
	3. Korb mit feuchter Wäsche auf ein fahrbares Gestell (evtl. altes Kinderwagenuntergestell) heben.
Durchführung	4. Große, glatte Wäschestücke ausschlagen bzw. ausstreifen und fadengerade ca. 20 cm über die Leine legen, anklammern und in Form ziehen (Strümpfe an der Spitze festklammern, Pullover, Shirts, Nickis usw. in der Achsel festklammern, Unterhemden an den Trägern, Unterhosen, Hosen und Röcke am Bund, Schürzen in den Bündchen, Hemden und Blusen am Saum festklammern, dabei Knopfleisten aufeinanderlegen, Kragen hochstellen.
	5. Gleichartige Teile zusammenhängen, dabei Nähte, Säume, Bänder und Knopfleisten ausstreichen.
	6. Bett- und Kissenbezüge mit der Öffnung zur Seite aufhängen (Windrichtung und Sonneneinstrahlung beachten), bei Tischwäsche, Hand- und Geschirrtüchern Nähte, nicht die Webkanten über die Leine legen.

LERNABSCHNITT	ARBEITSABLAUF
	7. Pflegeleichte Oberbekleidung auf Kunststoffbügel hängen, Bügel evtl. anklammern.
Abnehmen	8. Nach dem Trocknen die Bügelwäsche möglichst bügel- oder mangelfeucht abnehmen, dann aber sofort weiterverarbeiten.
	9. Die Wäsche im Hinblick auf das folgende Bügeln zusammenlegen und den Bügeltemperaturen entsprechend in den Korb legen.
	10. Wäsche für Hand- und Maschinenbügeln getrennt legen.
	11. Oberbekleidung, die nicht mehr zu bügeln ist, in völlig trockenem Zustand in den Schrank hängen.
	12. Gardinen werden leicht angeschleudert am Fenster getrocknet (Frotteetücher unterlegen).
Nacharbeit	13. Betriebsmittel sauber und trocken wegräumen.

3.6 Aufgabe: Trocknen der Wäsche im Wäschetrockner

Betriebsmittel: Wäschetrockner, Wäscheständer, Waschkörbe.

Arbeitsgegenstand: Gewaschene, für den Wäschetrockner geeignete Wäsche (Pflegekennzeichen beachten).

LERNABSCHNITT	ARBEITSABLAUF
Vorbereitung	1. Arbeitsgegenstand vollständig bereitstellen, Arbeitsplatz sinnvoll einrichten.
Durchführung	2. Die zu trocknende Wäsche nach möglichst gleichartigem Material sortieren, evtl. 2 Waschmaschinenfüllungen zu 3 Trocknerfüllungen sortieren.
	3. Wäsche locker in die Trommel legen.
	4. Gewünschten bzw. notwendigen Tocknungsgrad und Trocknungsdauer wählen, Gerät einschalten.
	5. Nach dem Abschluß des Trocknungsvorganges die Wäsche sofort aus dem Gerät nehmen.
	6. Frottee-, Trikotwaren und nicht zu bügelnde Oberbekleidung gut lüften, bevor sie in den Schrank gelegt werden.
	7. Das Flusensieb reinigen, gegebenenfalls den Kondenswasserbehälter leeren.
Nacharbeit	8. Arbeitsplatz aufräumen.

3.7 Aufgabe: Bügeln mit dem Handbügler

Betriebsmittel: Regler- oder Dampfbügler, 1 Moltondecke, 1 Leinentuch, geeigneter Tisch oder zusammenklappbares Bügelbrett mit siliconisierter Bügeldecke oder beschichtetem Spezialstoff (in der Höhe verstellbar), zusammenlegbares Ärmelbrett, 1 Schälchen mit Wasser, 1 kleiner Schwamm, Arbeitsstuhl, Wäscheständer, Kleiderbügel, evtl. umweltfreundliches Bügelspray, evtl. destilliertes Wasser für Dampfbügeleisen, Dämpftuch.

Arbeitsgegenstand: Getrocknete und zum Bügeln geeignete, eingesprengte Wäsche (Pflegekennzeichen beachten).

LERNABSCHNITT	ARBEITSABLAUF

Vorbereitung

1. Bügelzeiten immer so einplanen, daß ein größerer Posten Wäsche gebügelt werden kann.
2. Nicht mehr bügelfeuchte Wäsche und Wäsche aus dickem Baumwoll- und Leinengewebe sowie gestärkte Wäsche müssen eingesprengt werden. Dazu lauwarmes Wasser und einen Wäscheeinsprenger verwenden.
3. Eingesprengte Wäsche in einem Wäschekorb aufbewahren, mit Plastikfolie abdecken und mindestens ein bis zwei Stunden durchziehen lassen.
4. Wäschestücke recken.
   - Kleine glatte Teile in Form ziehen, dabei Kanten und Aufhänger glattziehen, ziehharmonikaförmig zusammenlegen und stapeln.
   - Große glatte Teile an den gegenüberliegenden Ecken zusammengreifen, über eine Tischkante ziehen, Kanten und Säume ausstreifen, die Teile der Länge nach zusammenlegen und ziehharmonikaförmig legen.
   - Bei Blusen, Schürzen u. ä. Nähte, Bänder, Besätze und Säume ziehen, evtl. vorhandene Spitzen und Volants mit feuchten Händen glattstreichen.
5. Betriebsmittel und Arbeitsgegenstand vollständig bereitstellen, Arbeitsplatz sinnvoll einrichten. Bügelbrett auf richtige Höhe einstellen, bei Bügeltisch Stuhlhöhe regulieren. Lichteinfall von links, Stromanschluß von rechts.

   Beachten: Handbügler (evtl. Abstellplatte), Schälchen und Schwamm rechts auf den Tisch stellen, Hocker mit Wäschekorb rechts neben das Bügelbrett stellen. Bei sehr großen Teilen hinter das Bügelbrett zwei Stühle stellen oder auf den Fußboden eine alte Tischdecke oder ähnliches legen.
6. Vor dem Gebrauch muß die Bügelsohle auf Sauberkeit überprüft werden.

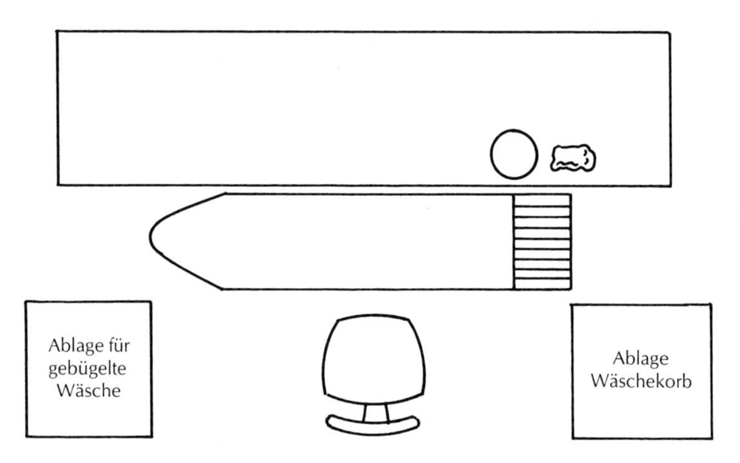

7. Dampfbügeleisen entsprechend der Herstellerempfehlung mit destilliertem Wasser füllen, vor dem Nachfüllen ist der Netzstecker zu ziehen, dabei rechtzeitig auf Enthärtung des Wassers achten.

Sortieren der Wäsche

8. Die gereckte und gelegte Wäsche wird anhand der Pflegekennzeichen nach den verschiedenen Bügeltemperaturen sortiert: Die Wäsche mit der höchsten Bügeltemperatur kommt nach unten.

9. Wäschestücke aus Acetatfasern und Seide nicht mit Wasser in Berührung bringen. Sie sind auf links zu ziehen und werden auch von links gebügelt.
10. Vor Beginn die Bügelarbeit so einplanen, daß ohne Unterbrechung gebügelt werden kann, wobei das gebügelte Stück zum Auslüften auf den Wäscheständer oder die -stange links vom Arbeitsplatz gehängt werden kann.
11. Bügeleisen auf richtigen Temperaturbereich einstellen. Bei jedem Wäschestück überlegen, in welcher Reihenfolge zu bügeln ist, um unnötiges Bewegen der Wäsche und Unterbrechungen zu vermeiden.

Durchführung

12. Man bügelt zuerst von rechts nach links und umgekehrt am Körper vorbei, dabei mit der anderen Hand das Bügelteil vorsichtig straffziehen.
13. Den Bügler ohne Druck und ohne den Stoff mit der Spitze des Bügeleisens zu schieben, fadengerade über den Stoff führen. Die Bewegungen abwechselnd mit beiden Händen durchführen.
14. **Doppelte Teile,** wie Kragen und Manschetten, werden stets von beiden Seiten gebügelt.

15. Die **kleinen Teile** (Kragen, Manschetten, Rockbänder, Knopfleisten) zuerst bügeln, dann folgen die großen Teile.

Gekräuselte Teile

16. Es wird stets vom Weiten ins Enge gebügelt.
17. **Kanten** und **Säume** werden zuerst gebügelt. Auf rechtwinklige Ecken sollte geachtet werden, damit das Wäschestück seine Form behält.
18. Wäschestücke mit **Monogramm** und **Stickerei** zuerst von rechts und dann von links auf einer weichen Unterlage bügeln.
19. Wäschestücke, die **Glanz** bekommen sollen (Baumwolle, Leinen), werden von rechts gebügelt.
20. **Wollstoffe** mit einem feuchten Zwischentuch von rechts dämpfen und dann fast trocken bügeln.
21. **Kräuselkrepp** und andere **Strukturgewebe** nur leicht mit einem feuchten Tuch von links bügeln.
22. **Wollkrepp** mit einem Zwischentuch bügeln.
23. **Spitzen** mit der Breitseite des Bügeleisens bügeln, sehr stark vorher einfeuchten und dann trockenbügeln, ohne sie zu zerreißen.
24. Zum Einbügeln von **Falten** wird der Stoff zuerst glattgebügelt, dann legt man die Falten einzeln ein, befeuchtet die Kniffe mit dem Schwamm und bügelt sie ein.
25. Temperaturregler rechtzeitig ausschalten, Nachwärme ausnutzen.
26. Bügeleisen hochkant gestellt an kindersicherem Ort auskühlen lassen.
27. Wäsche nach dem Bügeln auslüften lassen.

Nacharbeit

28. Arbeitsplatz aufräumen, Betriebsmittel sauber und trocken wegräumen.
29. Wäsche zum Zusammenlegen bereitstellen
Hinweis: Auf dem Markt befinden sich Bügelsprays (Umweltzeichen). Es sind Bügelhilfen, die beim Bügeln gezielt und einfach anzuwenden sind. Sie dürfen niemals auf die rechte Seite gesprüht werden.

3.8 Aufgabe: Bügeln von geformten Teilen mit der Hand

Betriebsmittel: Regler- oder Dampfbügler, 1 Moltondecke, 1 Leinentuch, geeigneter Tisch oder zusammenklappbares Bügelbrett mit siliconisierter Bügeldecke oder beschichtetem Spezialstoff (in der Höhe verstellbar), zusammenlegbares Ärmelbrett, 1 Schälchen mit Wasser, 1 kleiner Schwamm, Arbeitsstuhl, Wäscheständer, Kleiderbügel, evtl. umweltfreundliches Bügelspray, evtl. destilliertes Wasser für Dampfbügeleisen, Dämpftuch.

LERNABSCHNITT	ARBEITSABLAUF
Arbeitsgegenstand:	Gewaschene und bügelfeuchte Wäsche.

LERNABSCHNITT	ARBEITSABLAUF
Vorbereitung	1. Betriebsmittel und Arbeitsgegenstand vollständig bereitstellen, Arbeitsplatz sinnvoll einrichten (s. o.).
Durchführung	
Hemdbluse	2. Erst den **Kragen** rechts und links von den Spitzen zur Mitte, dann Ärmelkanten parallel zum Bügelbrett bügeln, Manschetten von rechts, dann durch einfaches Umlegen von links bügeln.
	3. **Ärmel** über das Ärmelbrett ziehen, Unterärmel vom Glatten bis ins Gekrauste bügeln.
	4. Oberärmel über die Spitzen des Ärmelbrettes ziehen und bügeln.
	5. Bluse auf dem Bügelbrett so zurechtlegen, daß der Kragen nach links zeigt. So bügeln, daß man das Bügeleisen mit der rechten Hand auf den unteren Saum der **Knopflochseite** setzt, bügelt und mit der linken Hand strammzieht.
	6. Zum Bügeln der **Schulterpasse** und des **Rückens** Bluse so zurechtlegen, daß die Bügelbrettspitze in die Schulternaht greift, Schulterpasse und Rücken bügeln, dabei nach vorne weiterschieben, also von der Person weg, anschließend **Knopfvorderteil** bügeln.
	7. **Knopf-** und **Knopflochleiste** und **Taschen** werden anschließend gebügelt.
	8. Bluse auf den Bügel hängen.
Oberhemd	9. Das eingesprengte und zusammengerollte Hemd auf das Bügelbrett legen, und zwar so, daß das untere Drittel nach hinten über das Brett fällt und der Ärmel nur noch herauszuziehen ist.

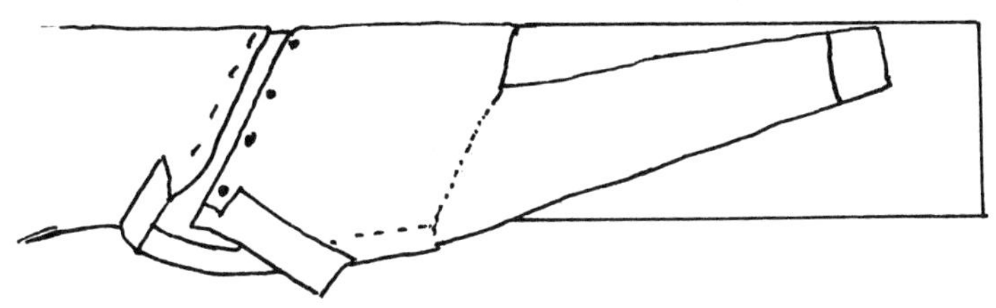

10. Rechten **Ärmel** drehen, daß **Unterseite** und Schlitzbesatz nach oben kommen (Lage des Hemdes nicht wesentlich ändern).

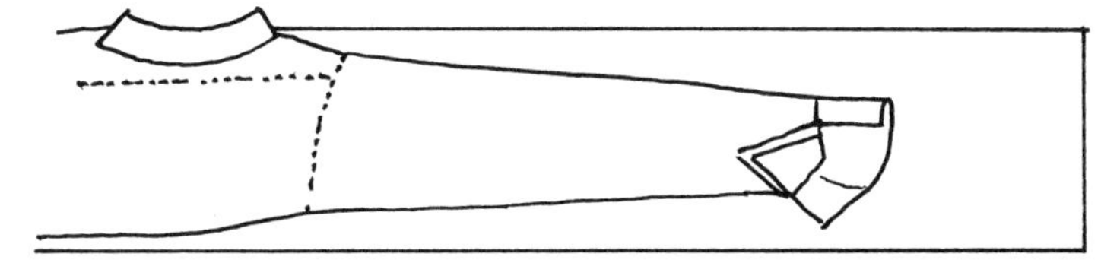

11. **Manschette** bügeln, zuerst die Unterseite und dann – nur durch Umdrehen der Manschette – die Oberseite.

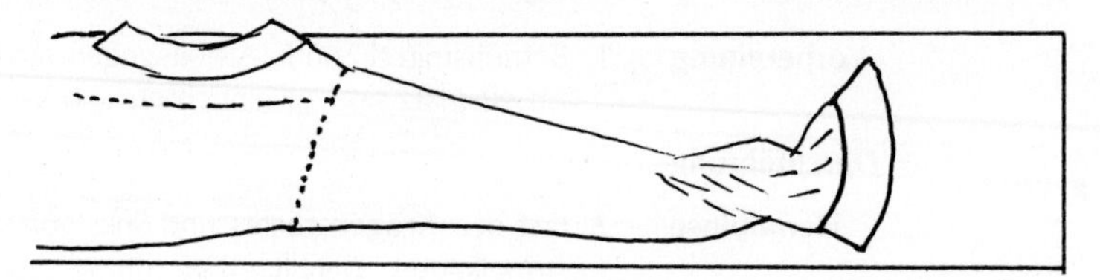

12. Nun die **Unterseite des Ärmels** bügeln, und zwar mit zwei Strichen:
    - Rechte Hand ⟶ von der Manschette zur Schulternaht.
    - Linke Hand ⟶ von der Ärmelnaht zur Manschette.

    (Die jeweils freie Hand muß immer gut vorbereiten und glattziehen.)

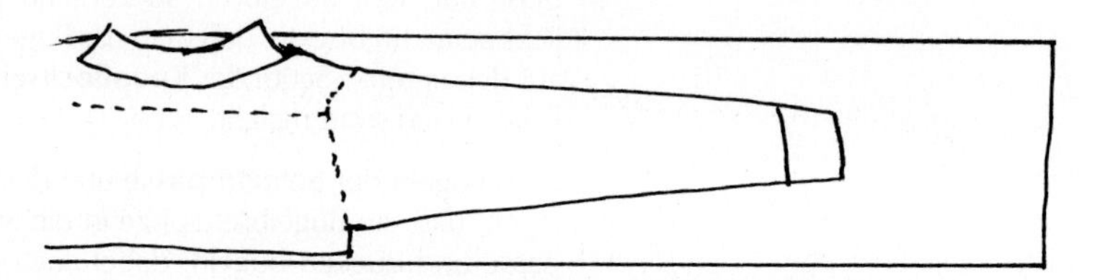

13. Ärmel drehen und die **Oberseite** in gleicher Weise bügeln wie die Unterseite.

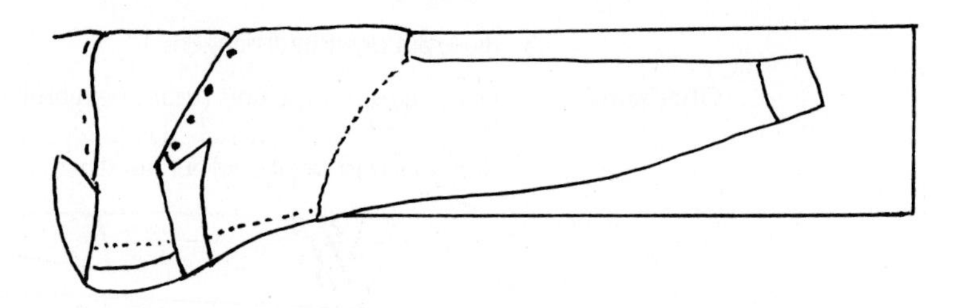

14. **Passe und Kragenoberseite:**
    - Hemd etwa so verschieben, daß Passe auf der Mitte des Bügelbrettes liegt.
    - Passe so zurechtlegen, daß sie ganz auf dem Rückenteil liegt, dann bügeln.

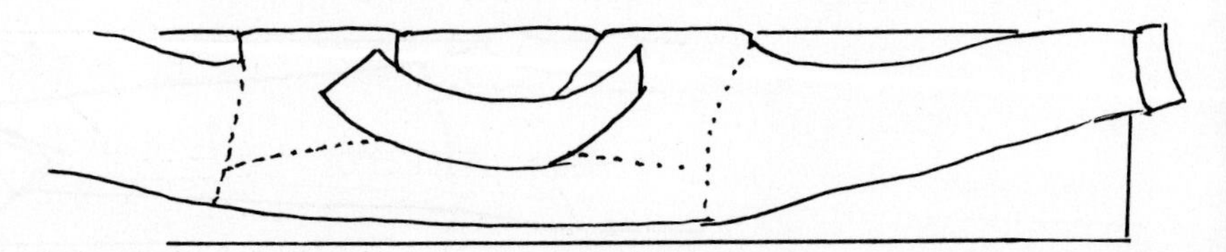

15. Kragen herausschlagen und seine Oberseite bügeln.

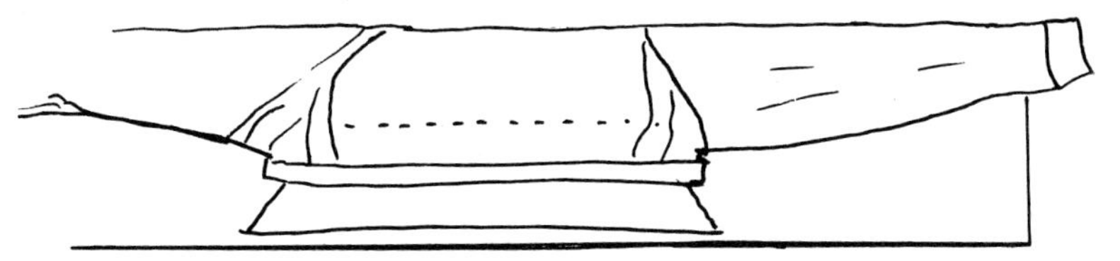

16. Mit über Kreuz gelegten Unterarmen das Hemd an den Achseln nehmen und umdrehen, so daß der linke Ärmel mit Unterseite nach oben liegt.

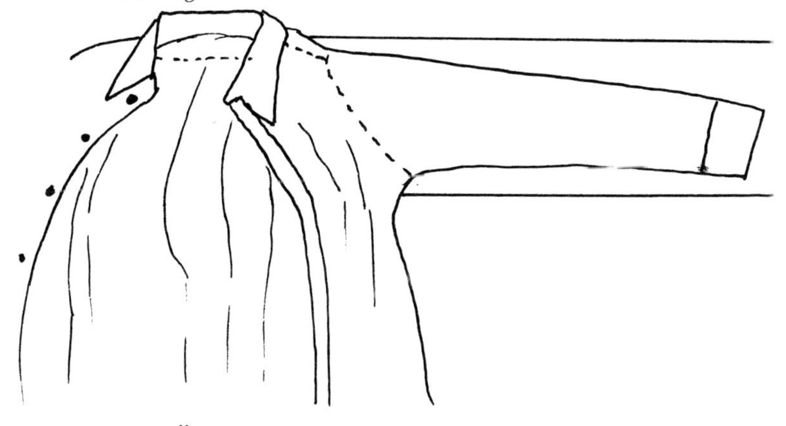

17. **Linker Ärmel mit Manschette:**
Ebenso wie den rechten Ärmel bügeln.

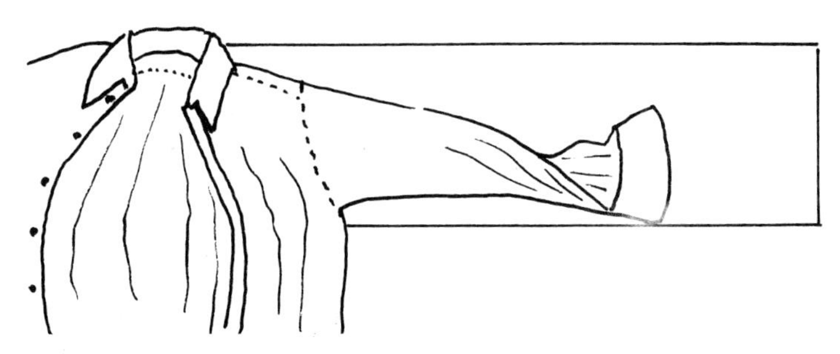

18. **Kragenunterseite:**Kragen in Bügelbrettmitte bringen und die Kragenunterseite bügeln.

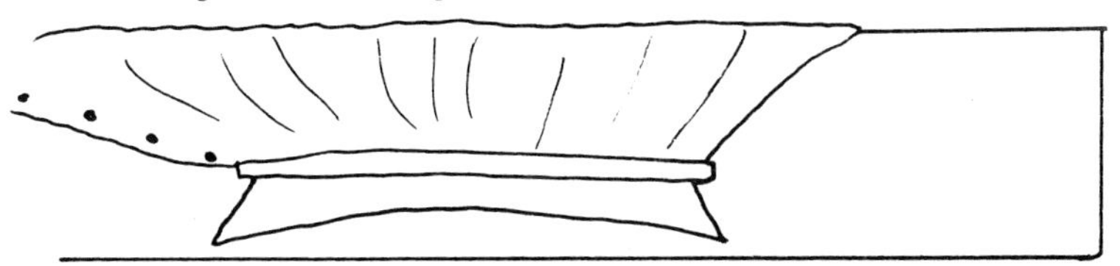

19. **Linke Rückenhälfte:**
Hemd an beiden Achselnähten anfassen und der Länge nach auf das Bügelbrett legen (Passe zeigt nach links, linke innere Rückenteilhälfte zum Bügeln bereitlegen). Linke Rückenteilhälfte sowie die Passe von links bügeln.

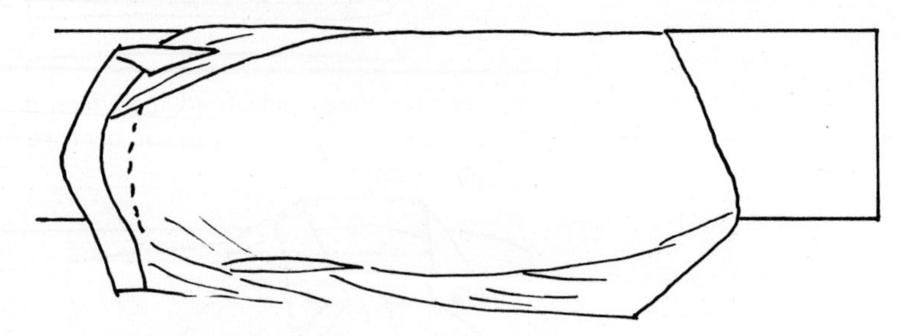

20. **Knopflochvorderteil:**
Auf Rückenteil legen, Knopflochseite nicht zu knapp umschlagen, bügeln, zurücklegen und anschließend das ganze Knopflochvorderteil bügeln.

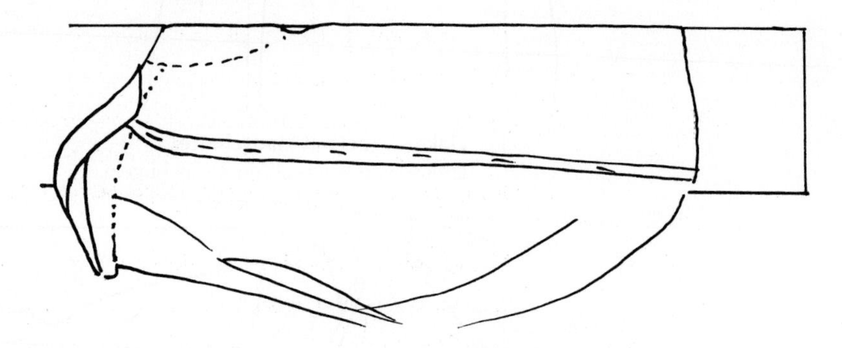

21. **Rechte Rückenteilhälfte** auf das Bügelbrett ziehen und zusammen mit der Passe von links bügeln.

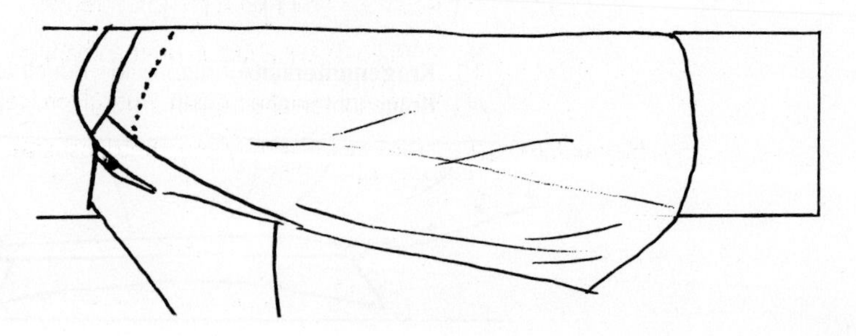

22. **Knopfvorderteil** wie Knopflochvorderteil behandeln.
Beachten: Diese Methode eignet sich auch in etwas abgewandelter Form für Kittel u. ä.

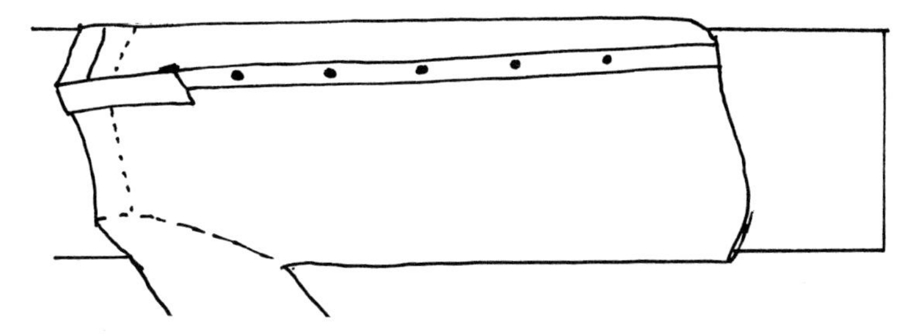

23. Hemd entweder auf den Bügel hängen oder – wenn es anschließend zusammengelegt werden soll – über den Wäscheständer hängen.

Latzschürze

24. Die eingesprengte Schürze auseinanderrollen.
25. Die Schürze am Bund anfassen und ausschlagen.
26. Die Hals- und Seitenbänder glattstreichen.
27. Die Bänder zuerst von links und dann von rechts bügeln.
28. Alle Bänder bis zum Bund bügeln.
29. Die Schürze auf dem Bügelbrett so drehen, daß der Latz nach links zeigt. Linke Seite der Schürze liegt oben.
30. Doppelte Teile wie Taschen, Doppelnähte, Latzkante von links bügeln.
31. Schürze umdrehen, rechte Seite liegt oben.
32. Latz von rechts bügeln.
33. Linkes Vorderteil (Latz liegt links) von rechts bügeln und von der Person wegschieben.
34. Mittelteil von rechts bügeln.
35. Rechtes Vorderteil von rechts bügeln.
36. Zum Auslüften ablegen oder aufhängen, zusammenlegen (s. u.).
37. Bügeleisen hochkant zum Auskühlen wegstellen.

Nacharbeit

38. Arbeitsplatz aufräumen, Betriebsmittel sauber und trocken wegräumen.

3.9 Aufgabe: Bügeln mit der Bügelmaschine

Betriebsmittel: Bügelmaschine, Arbeitsstuhl, Wäscheständer oder -stange auf der linken Seite, 1 Schälchen mit Wasser, 1 kleiner Schwamm.

Arbeitsgegenstand: Getrocknete und zum Bügeln geeignete Wäsche (Pflegekennzeichen beachten).

LERNABSCHNITT	ARBEITSABLAUF
Vorbereitung	1. Bügelzeiten immer so einplanen, daß ein größerer Posten an Wäsche gebügelt werden kann.
	2. Wäsche vorbereiten, sortieren, einsprengen und recken, s. o.
	3. Einrichten des Arbeitsplatzes.

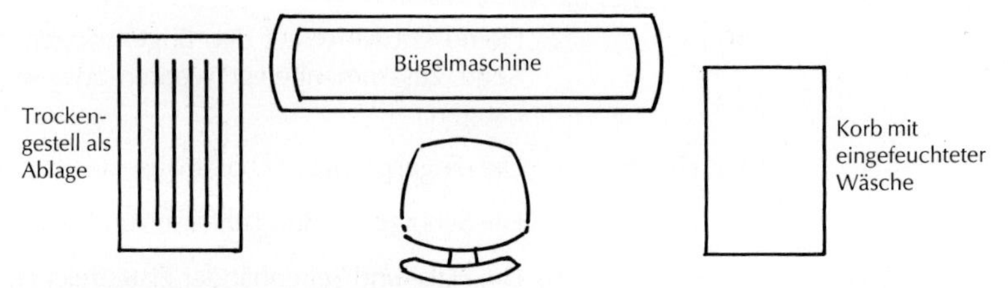

LERNABSCHNITT	ARBEITSABLAUF
	4. Sich über die Notauslösung informieren.
	5. Bügelmaschine beheizen.
Durchführung	6. Im allgemeinen die Bügelregeln vom Handbügeln beachten, zuerst die hitzeempfindlichen Teile bügeln.
	7. Alle Wäschestücke fadengerade einführen.
	8. Bei empfindlichen Knöpfen immer von links bügeln.
	9. Große Wäschestücke (z. B. Bettbezüge und Laken), die breiter als die Walze sind, sollten der Länge nach zur Hälfte zusammengelegt von beiden Seiten gebügelt werden. Geschlossene Knopfleisten zuerst bügeln.

10. Bei Tischtüchern bügelt man zuerst die Mittelbahnen, legt sie der Hälfte nach zusammen und läßt dann die Seiten durch die Maschine laufen. Dabei drauf achten, daß sich die Knickfalte außerhalb der Bügelwalze befindet.

11. Die Walzenbreite der Maschine immer voll ausnutzen, d. h., kleine gerade Stücke abwechselnd auf der einen Seite, dann auf der anderen Seite bügeln. Taschentücher u. ä. evtl. gleichzeitig im versetzten Takt einlegen.

12. Geformte Teile erfordern einen gewisse Übung. Sie mit der Maschine zu bügeln, ist nicht immer zeitsparend. Grundsätzlich sollten sie so in die Maschine eingeführt werden, daß das zu bügelnde Stück glatt durchlaufen kann. Die restlichen Teile hängen seitlich vom Gerät.

Herrenhemd

13. **Manschetten** von beiden Seiten auf der Walzenkante bügeln, Doppelmanschetten werden danach gefaltet, Knopf auf Knopfloch gelegt und leicht ausgebügelt.

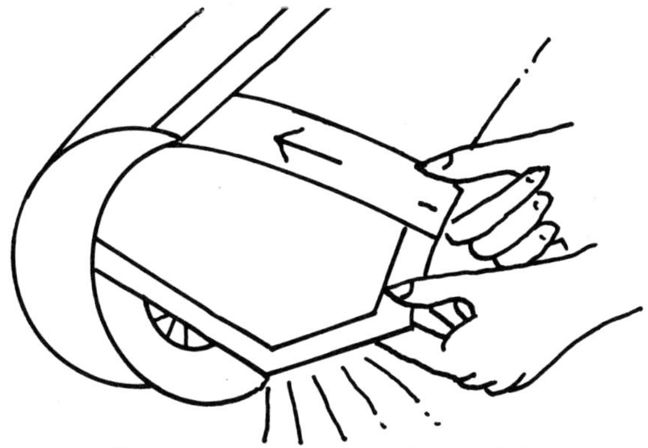

14. **Rechten Ärmel** glattziehen und schräg auf die Bügelwalze legen. Die Walze mit der Hand so weit nach vorne drehen, bis sich die Manschettennaht an der Unterkante der Bügelwange befindet. Ärmel bis zum Armausschnitt bügeln, Bügelwange lösen.

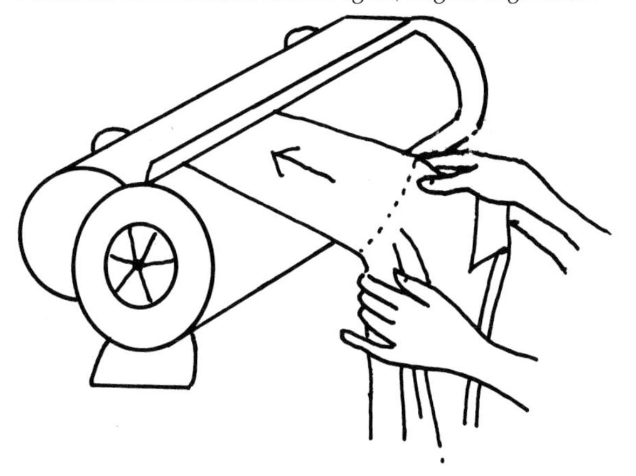

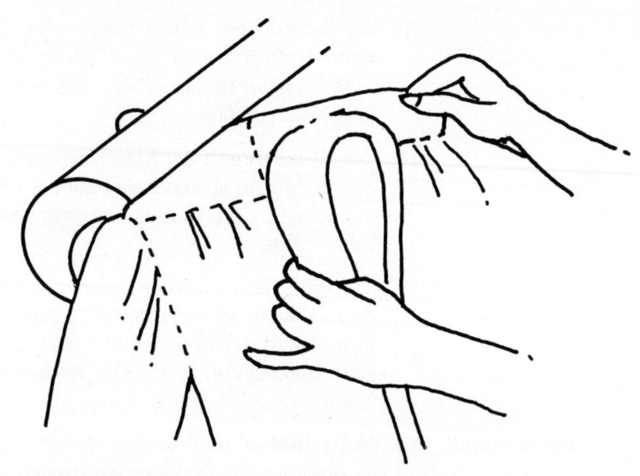

15. **Schulterpasse** durch leichtes Verschieben schräg auf die Walze legen und zunächst bis zum Kragen bügeln.

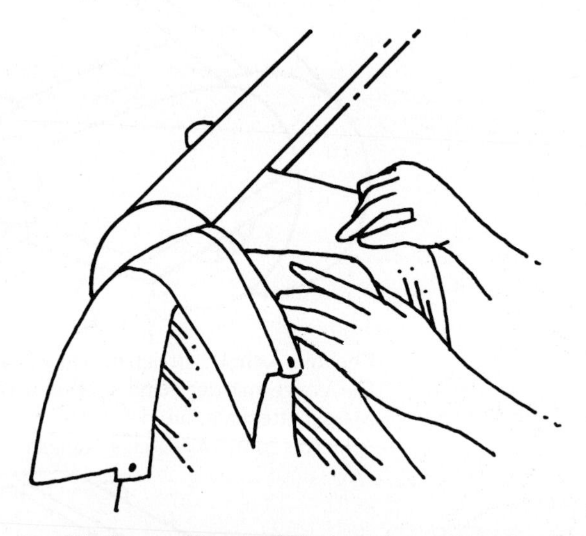

16. Bügelwange lösen und das Hemd so weit nach außen rücken, daß die Wangenkante beim Bügeln am Kragenausschnitt vorbeigeführt werden kann. Bügelwange lösen.

17. **Linken Ärmel** glattziehen und schräg auf die Bügelwalze legen, bis zur Manschettennaht bügeln.

18. **Rücken:** Hemd bis zur Passennaht auf die Walze ziehen (Kragen liegt links), den Rücken glattstreichen, die Walze so weit drehen, daß sich die Mitte ungefähr an der Unterkante der Walze befindet. Die rechte Rückenhälfte bis zum Armausschnitt bügeln.

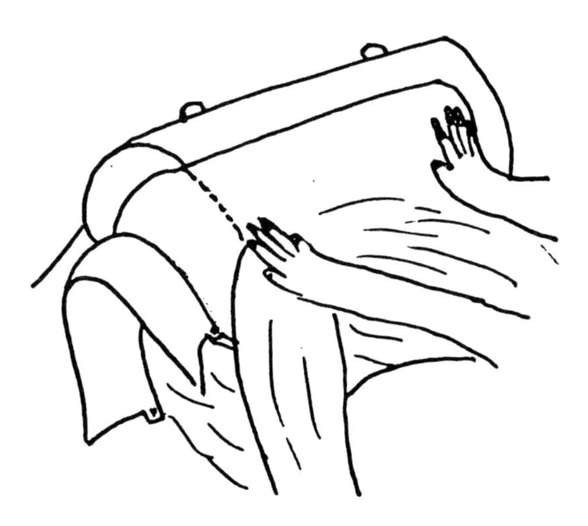

Hemd wenden, auf »links« ziehen (nicht den Ärmel) und die andere Hälfte von innen bügeln.

19. **Knopflochvorderteil** und **Unterseite** des **Kragens:** Vom Saum aus fadengerade bis zum Ärmelansatz bügeln, dabei Hemd nach Bedarf herausrücken, bis zum Kragenansatz bügeln und gleich die gesamte Unterseite des Kragens glätten.

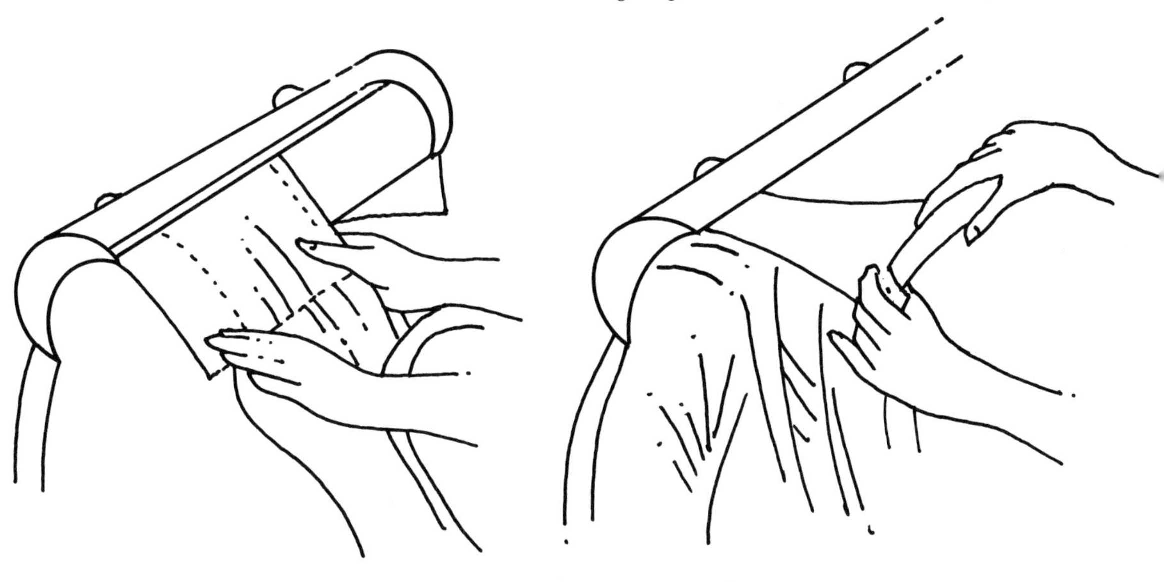

20. **Knopfvorderteil** und **Oberseite** des **Kragens** wie das Knopflochvorderteil, jedoch von links; Kragenoberseite bügeln.

Latzschürze

21. **Träger** nebeneinander bis zum Latz einlaufen lassen und über den Latz bis zum Bund bügeln, herausnehmen.
22. **Schürzenbänder** nebeneinander bis zum Bund bügeln.
23. Schürze herausnehmen.
24. Rechte Schürzenhälfte auf dem linken Walzenende vom Saum beginnend bis zum Bund bügeln.
25. Die linke Schürzenhälfte genauso am rechten Walzenende bügeln.
    Anmerkung: Doppelte Teile (z. B. Taschen, Doppelnähte, Latzkante) müssen sowohl von rechts als auch von links gebügelt werden.

Allgemeines

26. Stoffbahnen, die an einem Ende gekraust sind, können vom glatten Ende her bis zu den Falten durch die Maschine laufen.
27. Gekrauste Wäschestücke sollten zweckmäßig zum Schluß gebügelt werden.
28. Die Wäsche während des Bügelns leicht zur Seite streichen (Vorsicht: Nicht unter den Fingerschutz greifen). Bei Faltenbildung evtl. mit feuchtem Schwamm behandeln.
29. Den Fußdruck zurücknehmen, wenn die Wäsche durchgelaufen ist.
30. Die gebügelte Wäsche erst falten, wenn alle Teile gebügelt sind.
31. Die Walze der Bügelmaschine nach Beendigung des Bügelns noch mehrmals umlaufen lassen.

Nacharbeit

32. Mulde von Zeit zu Zeit mit einem feuchten Tuch reinigen.
33. Walzenbezug bei Bedarf abnehmen und waschen.
34. Arbeitsplatz aufräumen, Bügelmaschine erst nach Erkalten abdecken. Betriebsmittel sauber und trocken wegräumen.
35. **Wichtig:** Bei Stromausfall Notabhebung betätigen.

3.10 Aufgabe: Schrankfertigmachen der Wäsche

Betriebsmittel: Ausreichend großer Tisch, Arbeitsstuhl, Wäschekorb.

Arbeitsgegenstand: Gebügelte Wäsche (Geschirrtuch, Serviette, Tischdecke u. ä).

LERNABSCHNITT	ARBEITSABLAUF

Vorbereitung

1. Arbeitsplatz sinnvoll einrichten.

2. Alle Wäschestücke nach Art sortiert zusammenlegen.

Legen von glatten Teilen

3. Form und Größe richtet sich grundsätzlich nach den Schrankverhältnissen. Es ist im Prinzip allerdings darauf zu achten, daß bei jedem Teil nur ein Stoffbruch zu sehen ist und daß gesäumte Kanten zuerst gefaltet werden. Webkanten werden später geknickt.

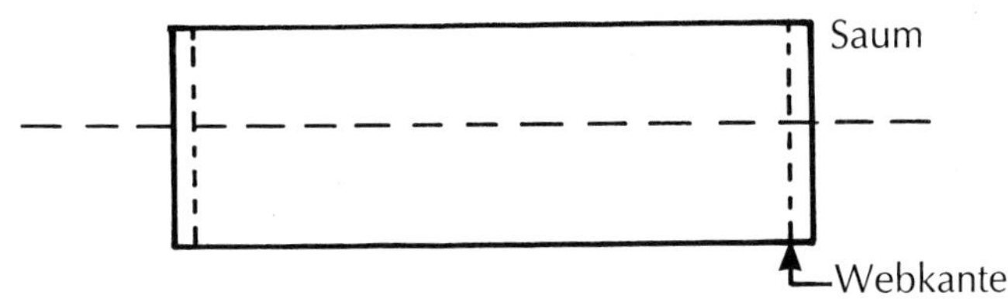

Geschirrtuch als Beispiel

4. Die linke Seite liegt oben, der eingestickte Name oder das Monogramm in der rechten oberen Ecke.

– Die lange Seite zuerst aufnehmen und auf die gegenüberliegende Seite legen, dabei vom Körper weglegen und beachten, daß zuerst die Saumkanten knicken. Den unteren Stoff etwas vorstehen lassen.

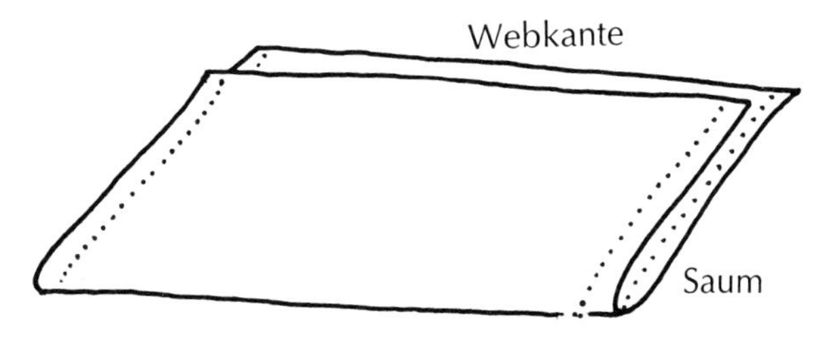

- Die lange Seite nochmals zur Hälfte falten, das Tuch glattstreichen.
- Die linke Hand auf die Tuchmitte legen, mit der rechten Hand das rechte Ende aufnehmen und nochmals falten und glattstreichen.

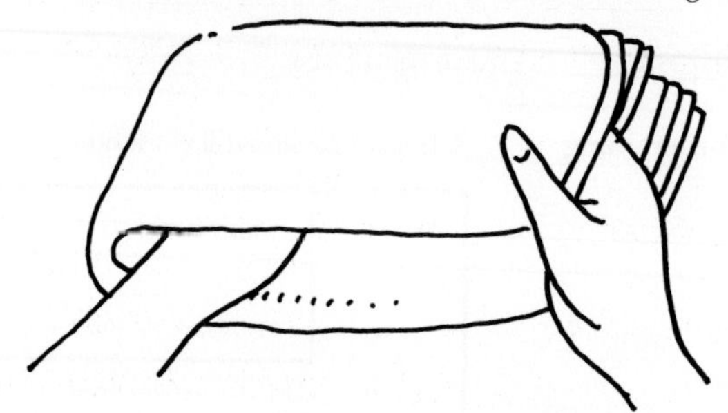

- Das gefaltete Geschirrtuch zur Seite legen.

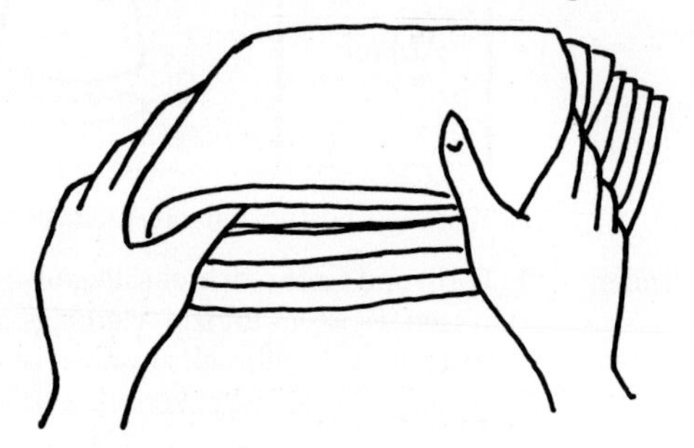

- Beim Stapeln müssen die geschlossenen Kanten aufeinanderliegen. Eingestickte Namen oder Monogramme liegen stets links oben in der gleichen Ecke.

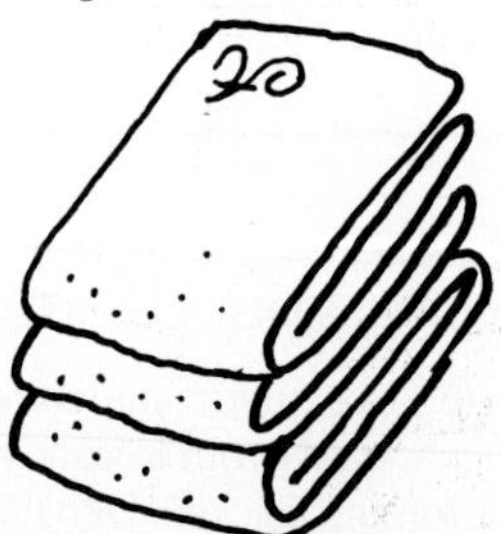

Nacharbeit

5. Beim Zusammenlegen der sauberen, gefalteten, trockenen Wäschestücke werden solche, die irgendwelche Schäden haben, aussortiert und ausgebessert.
6. Die frische gebügelte Wäsche nach Möglichkeit unter die im Schrank liegende Wäsche legen. Dabei darauf achten, daß die nach vorne liegenden Brechkanten exakt aufeinanderliegen.
7. Arbeitsplatz aufräumen.

LERNABSCHNITT	ARBEITSABLAUF
3.11 Aufgabe:	Schrankfertiglegen der Wäsche (geformte Teile)
Betriebsmittel:	Ausreichend großer Tisch, Arbeitsstuhl, Wäschekörbe
Arbeitsgegenstand:	Gebügelte Wäsche (Latzschürze, Oberhemd, Kittel, Nachthemden u. ä.).

LERNABSCHNITT	ARBEITSABLAUF
Vorbereitung	1. Arbeitsplatz sinnvoll einrichten.
	2. Alle Wäschestücke nach Art sortieren, zusammenlegen.
Durchführung	
Latzschürze	3. Mit der linken Hand die Mitte des oberen Latzrandes, mit der rechten Hand die Mitte des Rocksaumes fassen.
	4. Die Schürze hochheben und mit der Bruchseite parallel zur Tischkante legen.

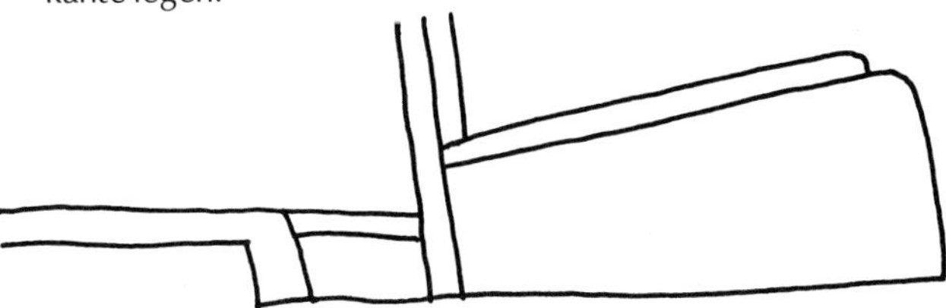

5. Den Latz mit den Bändern nach rechts auf die Schürze legen. Sehr lange Bänder zurücklegen.

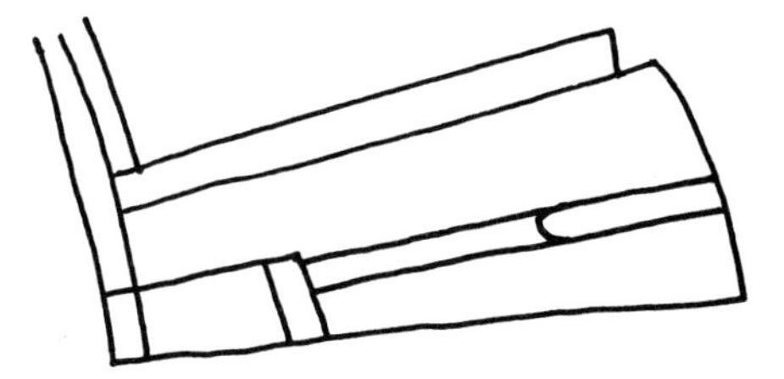

6. Die offene lange Rockseite mit den Bändern zum Stoff falten, evtl. Ecken bei Schwesternschürzen noch einmal einschlagen.

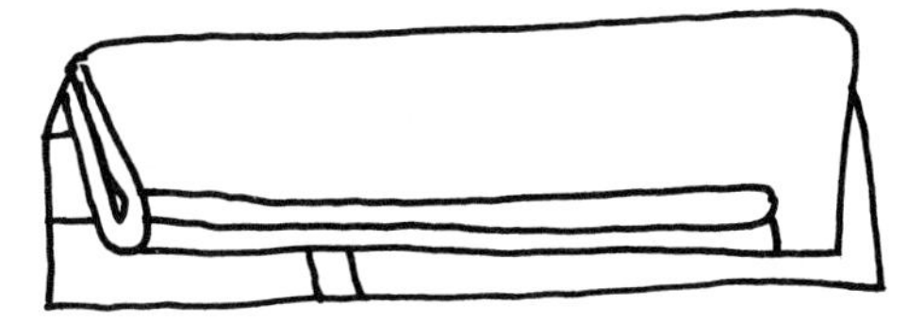

7. Die linke Hand auf die Mitte des Schürzenrockes legen. Mit der rechten Hand den Bund aufnehmen und zum Saum hinlegen, glattstreichen.

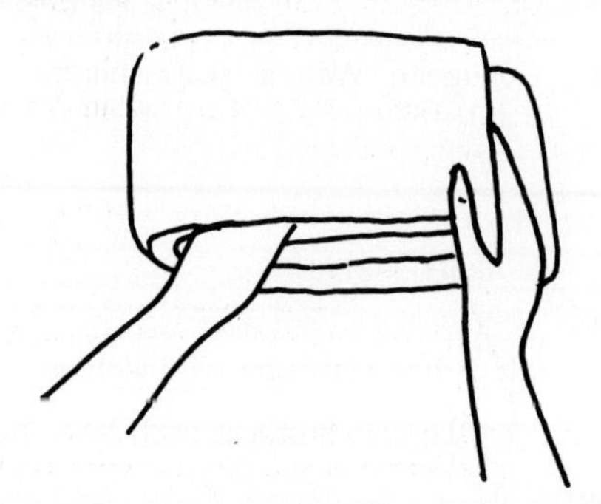

Oberhemd

8. Hemd in den Schulternähten fassen und mit dem Rückenteil nach oben zurechtlegen.
9. Zuerst die Ärmel quer über die Passe legen, Manschetten zurückschlagen.

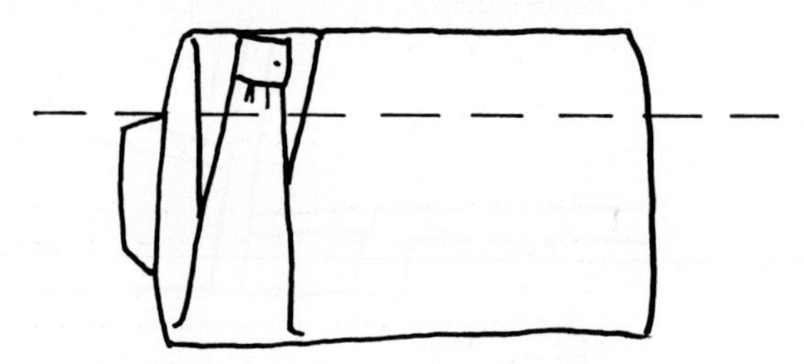

10. Die Seitenteile zur Mitte einschlagen.

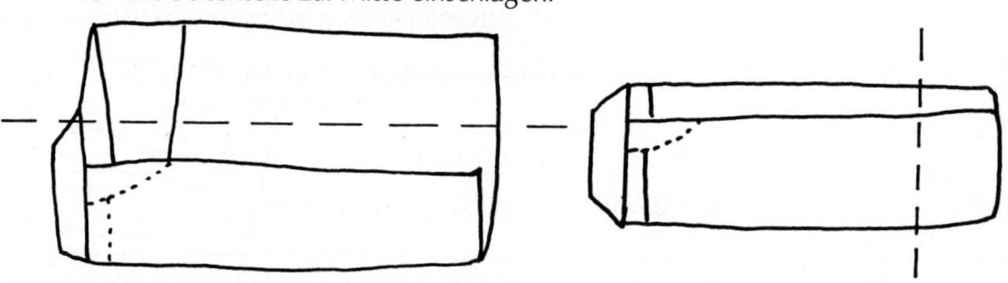

11. Unteres Ende des Hemdes mit rechter Hand fassen und in den Spalt zwischen Ärmel und Rücken schieben.

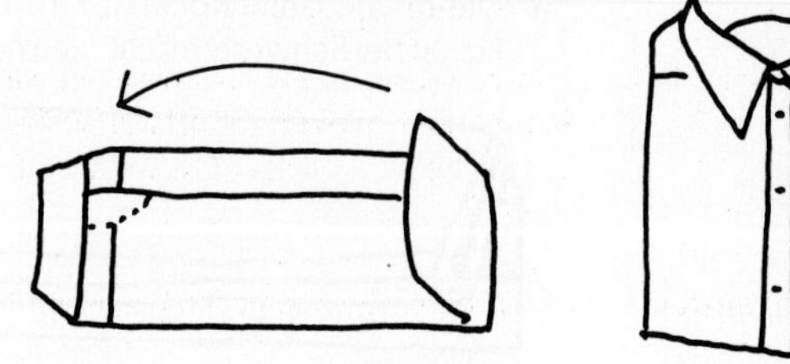

Kittel, Nachthemden

12. Kleidungsstück glatt auf den Tisch legen (Vorderseite ist oben), Knöpfe schließen.
13. Schätzen oder messen, auf welche Breite man das Stück legen will, evtl. Musterpappe anfertigen, bis die Größe beherrscht wird.
14. Vorgesehene Kniffstellen an der Schulter und am Rock fassen, Falte nach unten legen.
15. Dasselbe geschieht auf der anderen Seite.

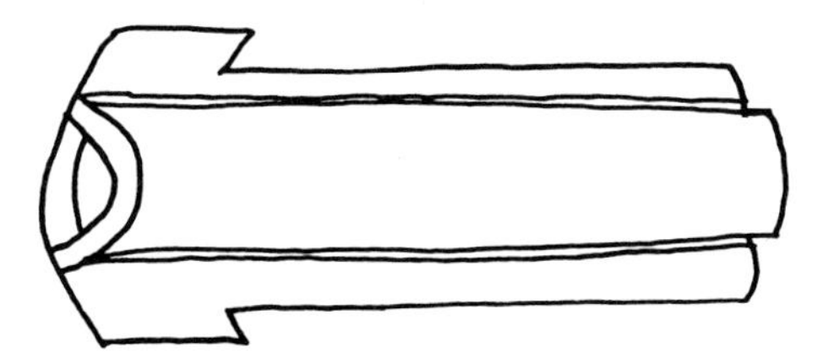

16. Das Kleidungsstück an beiden Enden gut festhalten, mit Schwung drehen, so daß der Rücken jetzt oben liegt.
17. Die Seiten in den eben gelegten Kniffen umknicken, so daß das Stück gleichmäßig breit ist.

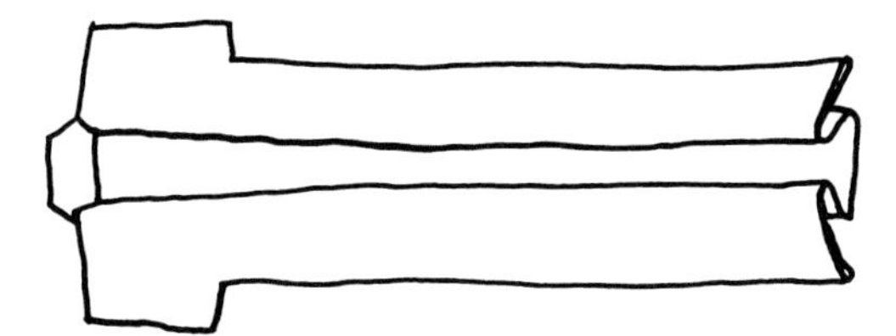

18. Ärmel glattlegen, lange Ärmel nach oben schlagen.
19. Das Kleidungsstück wird jetzt in der Länge 2- oder 3teilig zusammengelegt, zuletzt umgedreht.
20. Wäschestück in den Schrank legen.

Nacharbeit

21. Arbeitsplatz aufräumen.

3.12 Aufgabe: Kleiderpflege

Betriebsmittel: Feinwaschmittel, evtl. Salmiak, schwarzer Kaffee, Kleiderbürste, Lappen, Schwamm, kleine Kunststoffschüssel, Fleckentfernungsmittel, evtl. Schaumreiniger, altes Molton- oder Frotteetuch als Unterlage, evtl. Nähzeug.

Arbeitsgegenstand: Oberbekleidung aus verschiedenen Materialien.

1. Kleidungsstücke nach dem Tragen sofort auf einen Bügel hängen und lüften.
2. Von Zeit zu Zeit die Kleidungsstücke in Faserrichtung ausbürsten.

Vorbereitung

3. Kleider vor Abgabe in die Kleiderreinigung prüfen. Häufig erübrigt sich die Reinigung durch gründliches Ausbürsten und Beseitigen von leichten Flecken.
4. Dazu Arbeitsplatz sinnvoll einrichten. Betriebsmittel und Arbeitsgegenstände vollständig bereitstellen.
5. **Wichtig:** Auf Pflegesymbole achten, Kleidungsstücke entsprechend sortieren.

Durchführung

6. Kleinere Reparaturen sofort ausführen, wie Knöpfe oder Aufhänger annähen.
7. Kleidungsstücke auf Arbeitstisch ausbürsten (Nähte, Säume, Abnäher, Taschen und Aufschläge beachten). Anschließend ganzes Kleidungsstück ausbürsten.
8. Reinigungsmöglichkeiten für unterschiedliche Stoffarten:
   - **Wollsachen:** Mit verdünntem Salmiak ausbürsten.
   - **Helle Stoffe:** Mit Rei- oder Perwollschaum ausbürsten.
   - **Dunkle Stoffe:** Mit stark verdünntem Salmiak oder warmem schwarzem Kaffee ausbürsten.
   - **Schweißränder:** Mit verdünntem Salmiak ausreiben.
   - Auffrischen der **Bügelfalte:** Von links mit Sprühstärke einsprühen, dann bügeln.

Fleckentfernung

- Fleckbestimmung (z. B. Obst, Eiweiß, Fett), um das richtige Entfernungsmittel benutzen zu können.
  Flecken aus:
  Kaffee, Kakao, Cola, Bier, Likör, Weiß- und Rotwein, Obst und Saft:
  Schwamm mit Feinwaschmittellösung tränken, Flecken von außen nach innen reibend behandeln.
  Fett, Öl, Lippenstift, Kaugummi, Sauce:
  Weißen Lappen mit Waschbenzin tränken (vorsichtig und sparsam), Fleck von außen nach innen reibend behandeln. Bei Kaugummi, Gegenstand in Folienbeutel legen und einige Stunden im Gefriergerät aufbewahren. Kaugummi abheben.
  Milch, Dosenmilch, Sahne:
  Weißen Lappen mit Waschbenzin tränken (vorsichtig und sparsam), Fleck von außen nach innen reibend behandeln. Anschließend Schwamm mit warmer Feinwaschmittellösung tränken, Fleck wie oben beschrieben weiterbehandeln.
  Kugelschreiber, Farbband:
  Weißen Lappen mit vorsichtig im Wasserbad erwärmtem Alkohol oder Spiritus tränken, Fleck von außen nach innen reibend behandeln.

Tinte:
Fleck sofort nach Entstehen mit Löschblatt oder feuchtem Tuch aufsaugen, Rest mit einer frischen Zitronenscheibe oder mit einer Lösung aus ⅔ heißem Wasser und ⅓ Spiritus wie oben beschrieben behandeln, Alternative: „Tintentod".
Wachs:
Erhärtetes Wachs abheben, Löschpapier (ersatzweise Papiertaschentuch) auf die Flecken legen und mit heißem Bügeleisen ausbügeln. Den übrigen Rest mit einem weißen Tuch – mit Waschbenzin getränkt – (vorsichtig und sparsam!) von außen nach innen reibend behandeln.

9. Harmlosestes Mittel zuerst ausprobieren.
10. Bei allen Mitteln Gebrauchsanweisung beachten.
11. Alle Fleckentfernungsmittel und Lösungen auf ihre Verträglichkeit gegenüber Fasern und Farben an unsichtbaren Stellen (z. B. Saum) prüfen.
12. Alle wäßrigen Lösungen nach der Reinigung gründlich durch Spülen entfernen.
13. Lösungsmittel, wie Alkohol, nicht auf Chemiefasern geben.
14. Benzin und Aceton **nie** auf den Fleck schütten, sondern diesen mit feuchtem Wattebausch betupfen, saugfähiges Frotteetuch unterlegen (Vorsicht: brennbar!).
15. Bei örtlicher Behandlung auf der Unterlage stets von links außen nach innen arbeiten.
16. Evtl. Kleidungsstück mit Schaumreiniger nach Gebrauch auffrischen.

Dämpfen

17. Alle kleinen Teile zuerst von rechts, dann von links mit feuchtem Tuch dämpfen.
18. Zum Trocknen an die Luft hängen.

Nacharbeit

19. Arbeitsplatz aufräumen.
20. Betriebsmittel sauber und trocken an ihrem Platz einordnen.
21. Arbeitsgegenstände nicht sofort in den Schrank hängen, auslüften lassen.

Besonderheiten – Rock

22. Rock ausbürsten, Falten, Abnäher und Saum berücksichtigen.
23. Evtl. Fleckbestimmung und Fleckentfernung durchführen.
24. Rock feucht mit Rei- oder Perwollschaum oder verdünntem Salmiak ausbürsten.
25. Taft herausziehen und von links bügeln.
26. Rock über das Bügelbrett ziehen, Stoff dämpfen, evtl. Pappstreifen für die Säume und Falten benutzen. Bei leichten Faltenröcken kön-

nen die Falten auch mit Stecknadeln festgesteckt werden (Stecknadeln nicht überbügeln). Rock auf Spezialbügel hängen, auslüften lassen.

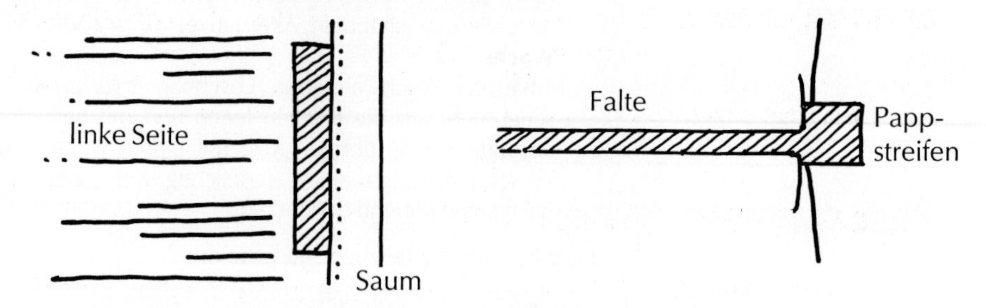

– Hose

27. Taschen herausziehen, ausbürsten.
28. Hose auf die linke Seite ziehen, Nähte, Futterteile, Abnäher, ganze Hose ausbürsten.
29. Hose auf rechts ziehen.
30. Evtl. Flecken entfernen.
31. Hose feucht ausbürsten.
32. Dämpfen: Die Hosenbeine Naht auf Naht legen.
33. Bund zeigt nach links, Außenseite des rechten Hosenbeines zeigt nach oben.
34. Bügelfalten von innen mit Sprühstärke festigen, sorgfältig kniffen (alte Falte beachten), zuerst die Bügelfalte hinten, dann vorne dämpfen.
35. Bein hochschlagen.
36. Die Innenseite des linken Beines dämpfen.
37. Die Hose umdrehen.
38. Beim rechten Hosenbein Vorgang wiederholen.
39. Die fertige Hose möglichst in einen Spezialbügel klemmen, auslüften lassen.

4 Nahrungsmittelzubereitung

4.1 Aufgabe: Arbeitsvorbereitung durchführen

Arbeits- und Hilfsmittel: Entsprechend den einzelnen Aufgaben, allgemein: Abfallschüsseln, Ordnungstopf, Geräte, Meßgeräte, Anrichtegeschirr.

Arbeitsgegenstand: Nahrungsmittel, die zubereitet werden sollen.

LERNABSCHNITT	ARBEITSABLAUF
Vorbereitung	1. Genaues Durchdenken des Arbeitssystems zur Erfüllung der gestellten Aufgabe.

– **Arbeitsaufgabe** = Zweck der Arbeit:
Was soll erledigt werden?
(z. B. 5 kg Kartoffeln schälen).
Warum soll die Arbeit erledigt werden?
(z. B. Vervollständigung des Mittagessens).

– **Arbeitsablauf** = räumliche und zeitliche Folge des Zusammenwirkens von Mensch, Umwelt und Eingabe:
Wer soll die Arbeit erledigen?
(z. B. Auszubildender, älterer Mitarbeiter, ungeübte Hilfskraft).
Wo soll die Arbeit erledigt werden?
(z. B. Arbeitsplatz auswählen, bestmöglich einrichten, dabei Bewegungs- und Freiraum beachten, Arbeit beiden Händen zuordnen).
Beispiel Arbeitsplatz: Größere Mengen Bohnen putzen.

Wie soll die Arbeit erledigt werden?
(z. B. Arbeitsmethode).
Wann soll die Arbeit erledigt werden?
(z. B. Beachtung der Tagesleistungskurve, der Dauer des Arbeitsab-

laufs und Dauer der Tätigkeit auf die zur Verfügung stehende Zeit abstimmen).
Womit soll die Arbeit erledigt werden?
(z. B. Betriebsmittel auswählen, dabei auch an geeignete Transportmittel denken).

Durchführung

2. Systemelemente des Arbeitsablaufs bereitstellen.

– Eingabe: Zu bearbeitende Gegenstände und Zutaten (z. B. abgemessene und temperierte Lebensmittel, Zutaten, Gewürze [s. 4.1.1], Arbeitsanleitungen, Rezepte, Arbeitspläne, Energieversorgung: Strom, Gas).

– Ausgabe: Welches Ergebnis soll die Arbeit haben?
(z. B. für 5 kg sauber geschälte Kartoffeln Topf bereitstellen oder zum Anrichten fertig gegarter Speisen an einem geeigneten Platz Anrichtegeschirr bereitstellen bzw. vorwärmen, dabei insbesondere Glasgeschirr auf Sauberkeit und Glanz überprüfen).

– Mensch: Hygiene, Arbeitsschutz, Unfallschutz beachten und entsprechende Vorbereitungen treffen, Information.

– Betriebsmittel: Alle Geräte oder Maschinen, die in irgendeiner Weise an der Erledigung der Arbeit beteiligt sind, bereitstellen und funktionsfähig machen.

– Umwelteinflüsse: Störende oder fördernde Einflüsse von außen beachten (z. B. Klima, Licht, Wärme, Geruch, Schmutz usw.), die zur Erledigung der Aufgabe notwendig sind oder aber bei der Arbeit entstehen und, wenn unerwünscht, zu entfernen sind.

Nacharbeit

3. Arbeitsplatz aufräumen, säubern. Betriebsmittel sauber und trocken wegräumen.

4.1.1 Mengen und Maße

1. Man rechnet im Durchschnitt für **Zutaten:**

Hefe: auf 500 g Mehl
20 bis 30 g

Backpulver: auf 500 g Mehl
1 Päckchen = 4 Teelöffel

Reis: auf 1 Tasse
2 Tassen Flüssigkeit

Suppengrün: 1 Möhre, ½ Stange Lauch, 1 Scheibe Sellerie, ½ Petersilienwurzel

Bratzutaten: ½ bis 1 Zwiebel, 1 Bund Suppengrün, Brotrinde nach Belieben

Gewürzdosis: 4 Gewürzkörner (Piment), 3 Pfefferkörner, 1 Nelke, 1 kleines Lorbeerblatt

Beizen:	auf 1 l Wasser 1 Gewürzdosis, 5 Wacholderbeeren, 1 Bd. Suppengrün, 1 Zwiebel mit Nelken bespickt, Knoblauch nach Belieben, 1 Prise Salz, ¼ l Rotwein oder Buttermilch
Fischgewürz:	auf 1½ l Fischsud (Wasser) 1 Teel. Salz, ¼ l Weinessig (mild), 2 Zwiebeln, 2 Zitronenscheiben, 1 Bd. Suppengrün, 1 Gewürzdosis, 2 Teel. Zucker
Gewürzzwiebel:	1 Zwiebel mit Nelken bespickt

2. Mengenverhältnisse

4 bis 5 mittelgroße Kartoffeln oder Äpfel	**ca.** 500 g
1 mittelgroße Zwiebel	40 g
1 mittelgroße Tomate	65 g
1 Brötchen	50 g
¼ l Mehl (knapp 2 Tassen)	150 – 160 g
¼ l Grieß (knapp 2 Tassen)	200 g
⅛ l Reis (knapp 1 Tasse)	150 g
⅛ l Flüssigkeit	(knapp 1 Tasse)
3 TL Flüssigkeit	1 Eßlöffel
1000 ml Flüssigkeit	1 l
750 ml Flüssigkeit	¾ l
500 ml Flüssigkeit	½ l
375 ml Flüssigkeit	⅜ l
250 ml Flüssigkeit	¼ l
125 ml Flüssigkeit	⅛ l = 8 Eßlöffel
65,5 ml Flüssigkeit	1/16 l = 4 Eßlöffel
2 cl Flüssigkeit	1 Schnapsglas
1 gestr. Eßlöffel Öl, Fett zerlassen	**ca.** 12 g
1 gestr. Eßlöffel Mehl	10 g
1 gestr. Eßlöffel Stärkemehl	8 g
1 gestr. Eßlöffel Semmelmehl	8 g
1 gestr. Eßlöffel Zucker	15 g
1 gestr. Eßlöffel Puderzucker	10 g
1 gestr. Eßlöffel Gelatine	10 g

1 gestr. Eßlöffel Grieß, Reis, Graupen	12 g
1 gestr. Eßlöffel Haferflocken	10 g
1 gestr. Eßlöffel geriebener Käse	10 g
1 gestr. Eßlöffel Tomatenmark	20 g
1 gestr. Eßlöffel Senf	20 g
1 Päckchen Backpulver	15 g
1 Päckchen Gelatine	6 Blatt

3. Grundmengen pro Person

Suppen:	als Vorspeise (¼ l)	250 g
	als Hauptgericht (½ l)	500 g
Soßen:		60 – 100 g
Mayonnaise:		40 g
Reis:	als Beilage (roh)	60 g
Teigwaren:	als Beilage (roh)	60 g
Kartoffeln:	als Beilage, Eintopf	250 g
Gemüse:	als Beilage, Eintopf	250 g
	Sauerkraut	100 g
	Hülsenfrüchte (roh)	60 g
Salat/Rohkost:	roh (geputzt)	50 – 100 g
	gekocht (geputzt)	125 – 150 g
Fleisch:	ohne Knochen	100 g
	mit Knochen	150 g
	Hackfleisch	75 – 100 g
Fisch:	im Ganzen	250 g
	ohne Kopf	220 g
	Filet	100 – 150 g
Obst:	Kompott	125 g
	Backobst (getrocknet)	50 g
Süßspeisen:	Flammeri	¼ l
	Gallerte	¼ l

4.2 Aufgabe: Lebensmittel vorbereiten: Waschen, Weichen, Wässern

Betriebsmittel: Schüsseln, Sieb, Durchschlag, Bürste.

Arbeitsgegenstände: Verunreinigte, getrocknete, durchdringend riechende bzw. schmekkende Lebensmittel.

LERNABSCHNITT	ARBEITSABLAUF
Definition	**Waschen** Entfernen von Verunreinigungen durch stehendes oder fließendes Wasser.
Vorbereitung	1. Grobteile entfernen (Ausnahme: Stiele von Erdbeeren, Himbeeren, Stachelbeeren, Kerne von Kirschen u. ä., Blatt- und Wurzelansatz von Roter Bete).
Durchführung	2. Kurz waschen.
	3. **In kaltem, stehendem Wasser** Beispiel: Kirschen, Erdbeeren, Kartoffeln, Obst, Gemüse, Pilze, größere Mengen Küchenkräuter.
	4. **Unter fließendem, kaltem Wasser** Beispiel: Fleisch (nur wenn hygienische Bedenken bestehen), Fisch, Geflügel, Wild, Kohlkopf, Salatblätter, Porree, kleine Mengen Küchenkräuter.
	5. **In warmem bis heißem Wasser** Beispiel: Obst, das mit der Schale verzehrt wird.
Besonderheiten	6. **Nicht im Ganzen waschen** Beispiel: Blattsalat, Endivie, Feldsalat.
	7. **Nach dem Putzen oder Schälen** Beispiel: Gemüse, Kartoffeln (werden außer vor dem Schälen nochmals nach dem Schälen gewaschen).
	8. **Kleinkörnige Lebensmittel** Beispiel: Reis, Hülsenfrüchte, Rosinen (erst verlesen, dann in feinem Sieb unter kaltem Wasser säubern).
Definition	**Weichen**
	Das durch Trocknung entzogene Wasser wird wieder zugeführt.
Anwendung	Backobst, Gelatine, Hülsenfrüchte, Dehydrogemüse.
Vorbereitung	1. Trockenlebensmittel (z. B. Hülsenfrüchte, Rosinen) verlesen.
Durchführung	2. Lebensmittel in eine wäßrige Lösung legen, von der sie gut bedeckt sind. Gefäß nur zu zwei Drittel füllen.
	3. Zwischen 5 Minuten und mehreren Stunden weichen lassen.
	4. Weichwasser von Obst und Gemüse weiterverwenden.

LERNABSCHNITT | ARBEITSABLAUF

Definition — **Wässern**
Herauslösen von unerwünschten Geschmacksstoffen durch Flüssigkeit.

Anwendung — Durchdringend riechende bzw. schmeckende Lebensmittel.

Durchführung

1. Lebensmittel im Ganzen waschen.
2. In reichlich Flüssigkeit legen.
3. Wasser einige Male erneuern (Nieren, Matjesfilets, Salzheringe, Sardellen).
4. Zeit des Wässerns beachten.

Besonderheiten

5. Chicorée mit den festen Enden ca. ein Drittel bedeckt in Zitronenwasser stellen.

Nacharbeit

6. Lebensmittel dem Rezept entsprechend weiterbehandeln.
7. Arbeitsplatz aufräumen und säubern. Betriebsmittel sauber und trocken wegräumen.

4.3 Aufgabe: Lebensmittel vorbereiten: Nicht verwertbare Teile entfernen

Betriebsmittel: Arbeitsbrett, Abfallschüsseln, Putzmesser, Schälmesser, Sparschäler, Apfelausstecher, Kirsch- und Pflaumenentsteiner usw., Schüssel gegebenenfalls mit Wasser gefüllt.

Arbeitsgegenstände: Lebensmittel mit unerwünschten Substanzen.

LERNABSCHNITT | ARBEITSABLAUF

Definition — **Entfernen nicht verwertbarer Teile:**
Das Beseitigen von unerwünschten Substanzen: Welke Blätter, Stengel, Stiele, angefaulte Stellen, Steine, Kerne, Kerngehäuse, äußere Blätter (Hüllblätter), Schalen.

Vorbereitung

1. Betriebsmittel und Arbeitsgegenstände vollständig bereitstellen, Arbeitsplatz sinnvoll einrichten.

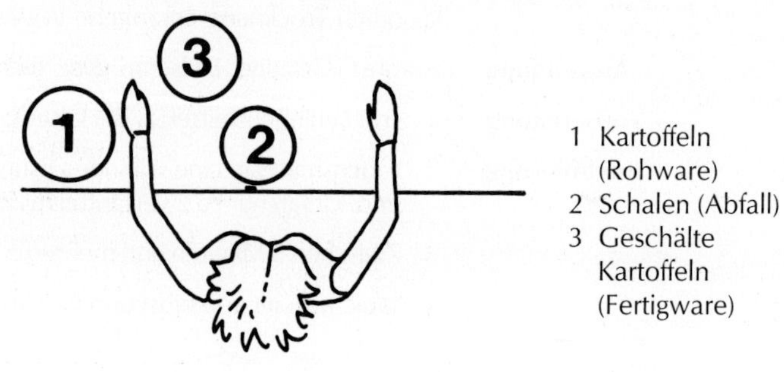

Durchführung Allgemein

2. So sparsam wie möglich schälen, putzen, abschneiden, gilt nicht bei Verdacht auf Schadstoffrückstände.
3. Bei Verarbeitung größerer Mengen geputzte Lebensmittel abdekken.
4. Keimlinge, Kerne, Steine, holzige Teile, Wurzeln, Kerngehäuse, harte Stellen und faule Stellen entfernen.
5. Schale dünn schälen.
   a) mit scharfem Küchenmesser spiralförmig (Äpfel) schälen, Lebensmittel mit der anderen Hand drehen.
   b) mit dem Sparschäler von oben nach unten schälen (Spargel, Möhren, Gurken).
6. Lebensmittel nach dem Schälen gleich zerkleinern und verarbeiten.
7. Sich verfärbende Lebensmittel unzerkleinert in Wasser legen (Kartoffeln) oder mit Zitronensaft bestreichen (Birnen, Bananen) oder in leicht gesalzenes Wasser legen (Meerrettich, Sellerie, Schwarzwurzeln, Äpfel).

Besonderheiten

8. **Pfirsiche, Tomaten:**
   Schalen werden nach dem Überbrühen entfernt.
   a) 10 Sekunden auf einem Schaumlöffel oder
   b) auf Gabel spießen und 10 Sekunden in kochendes Wasser geben.
9. **Möhren, Salatgurken:**
   Sparschäler mit einer beweglichen oder festen Klinge von oben nach unten führen. Haltearm dabei abstützen.
10. Möhren nach dem Schälen gegebenenfalls waschen.
11. **Kartoffeln:**
    Mit einem Kartoffelschäler mit beweglichem Messer kreisförmig schälen, indem die linke Hand (bei Rechtshändern) die Kartoffel dreht, während das Messer mit der rechten Hand in Kreisbögen um die stärkste Stelle der Kartoffel geführt wird. Haltearm dabei abstützen. Bei Verdacht auf Schadstoffrückstände dicker schälen.
12. Die verbliebene Schale wird in nebeneinanderliegenden Schritten von oben nach unten geschält.
13. Nachputzen der Kartoffel geschieht mit einem Küchenmesser. Hier ist Serienarbeit sinnvoll.
14. Geschälte Kartoffel in die mit Wasser gefüllte Schüssel geben und anschließend zerkleinern.
15. **Porree:**
    Welke, harte Blätter stutzen und Saugwurzeln abschneiden, Wurzelboden stehenlassen.

16. Porreestangen vom Wurzelboden bis zu den Blättern längs einschneiden, dabei nicht den Blattansatz durchtrennen.

17. Porree unter fließendem Wasser vom Wurzelboden bis zu den Blättern waschen, diese dabei auseinanderdrücken.

18. **Spargel:**
Kurz unter dem Kopf bis zum dicken Ende mit Spargelschäler abschälen, zum Ende hin dicker, holzige Enden abschneiden.
Hinweis: Schalen und Enden auskochen und zu Suppen oder Soßen verwenden.

19. **Rote Bete:**
Wurzel und Blattwerk erst nach dem Waschen entfernen.

20. **Sellerie:**
a) Für Salat erst nach dem Garen schälen.
b) Für Suppen und Eintöpfe erst in Scheiben schneiden, dann schälen. Das empfiehlt sich besonders bei größeren Knollen.

21. Zum Sterilisieren: Dem Kochwasser etwas Essig beifügen.

22. **Kopfsalat:**
Unansehnliche und faule Außenblätter entfernen, große Salatrippen entfernen oder durchschneiden.

23. **Pilze:**
Härtere Pilzstiele abschneiden, Lamellen, Röhren und Haut von Stengel entfernen, auf Wurmbefall achten.

24. **Rhabarber:**
Blätter und Stielenden abschneiden, nicht abziehen.

25. **Blumenkohl:**
Blätter entfernen.
a) Für Salat in Röschen zerlegen.
b) Im Ganzen ca. 15 Minuten in kaltes Salzwasser mit dem Strunk nach oben legen.

26. **Chicorée:**
Schlechte Blätter entfernen, den Keil am dicken Ende herausschneiden.

27. **Paprika:**
Halbieren, vierteln oder am Stielansatz einen Deckel abschneiden, Samenstand und Innenwände gründlich entfernen.

28. **Dill, Petersilie:**
Stiele und größere Ästchen entfernen.

29. **Mandeln:**
30 Minuten in kalte Milch geben, die Haut abziehen.

LERNABSCHNITT	ARBEITSABLAUF
	30. **Kohlrabi:** Schale abziehen, und zwar von der Wurzel bis zum Blattansatz. Die jungen Blätter mitverwenden.
	31. Lebensmittel dem Rezept entsprechend weiterbehandeln.
Nacharbeit	32. Arbeitsplatz aufräumen und säubern.
	33. Betriebsmittel sauber und trocken wegräumen.

4.4 Aufgabe:	Lebensmittel vorbereiten: Lebensmittel manuell zerkleinern
Betriebsmittel:	Großes Schneidbrett (am besten mit Saugfüßen), ausreichend große, scharfe Messer, scharfe Hobel, Raspeln, große Schüsseln, Teller.
Arbeitsgegenstände:	Vorbereitete Lebensmittel, die aus Gründen des Garverfahrens bzw. des Verzehrs, Aussehens u. a. zerkleinert werden müssen.

LERNABSCHNITT	ARBEITSABLAUF
Beachten:	Zerkleinern erst kurz vor der Zubereitung, dann unbedingt abdecken.
Definition	**Schneiden:** Zerkleinern küchenfertiger Lebensmittel in Stücke, Scheiben, Stifte, Würfel, Streifen.
Vorbereitung	1. Betriebsmittel und Arbeitsgegenstände vollständig bereitstellen, Arbeitsplatz sinnvoll einrichten.

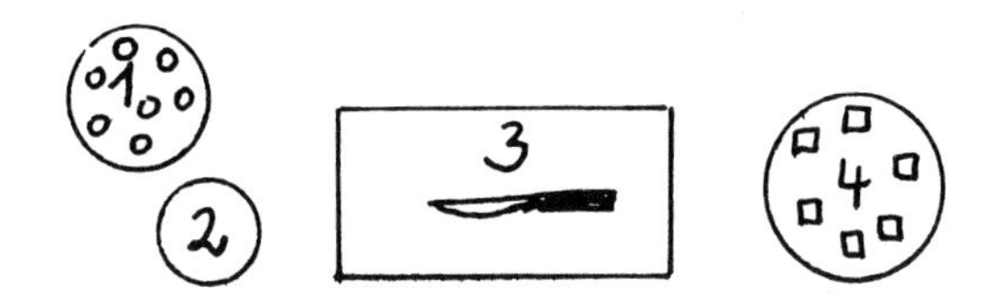

1 = Schüssel mit den zu bearbeitenden Lebensmitteln.
2 = Schüssel für Abfall.
3 = Schneidbrett und Messer.
4 = Schüssel für die zerkleinerten Lebensmittel (möglichst tiefer liegend).

2. Das Schneiden gelingt um so besser, je schärfer das Messer ist und je mehr das Messer bewegt wird.
3. Messer ein Drittel größer als das Lebensmittel auswählen.
4. Schneidbrett kalt abspülen, auf Rutschfestigkeit achten (evtl. feuchtes Tuch darunter legen).
5. Je nach Art des Schnittguts mit Druck und Zug oder Hebelwirkung arbeiten.
6. Abschieben des Schnittguts mit dem Messerrücken.

Besonderheiten

7. **Zwiebel:** Wurzelhaare abschneiden, Zwiebelboden nicht entfernen.
8. Braune Haut entfernen.
9. Zwiebeln längs halbieren (Auflagenschnitt). Zwiebeln lassen sich leichter schneiden, wenn sie geschält und halbiert in kaltes Wasser getaucht werden.

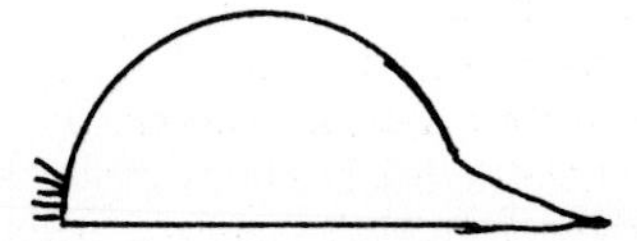

10. Senkrecht einschneiden, bis kurz vor den Boden (Streifenschnitt).

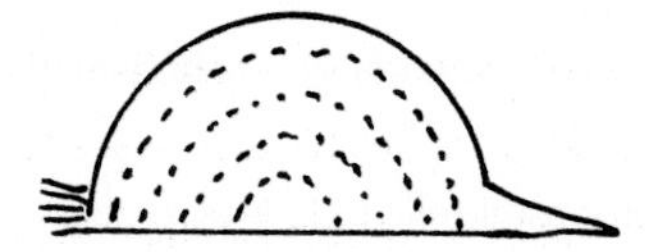

11. Parallel zum Wurzelboden in Hebeltechnik zerkleinern (Würfelschnitt).

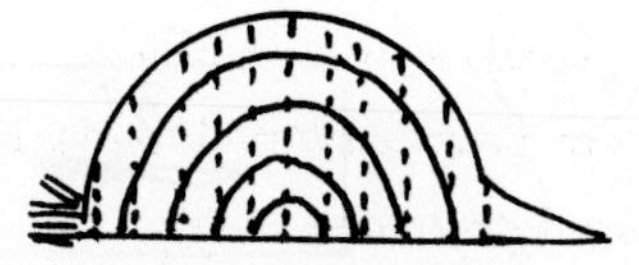

12. Wurzelboden umlegen und kleinschneiden.
13. Zugedeckt aufbewahren.
14. **Wurzeln** (Möhren): Waschen (junge Wurzeln auf einem mit Salz bestreuten Tuch abreiben).
15. Wurzeln mit Sparschäler von oben nach unten schälen.
16. Sofort kurz abspülen.

17. Wurzeln so auf das Schneidbrett legen, daß das dicke Ende nach links zeigt.

Besonderheiten

18. **Würfelschnitt:** Mit scharfem Messer durch ziehenden Schnitt (Messerspitze zeigt nach schräg unten) Möhre der Länge nach in zwei Teile schneiden. Mit den Schnittflächen auf das Brett legen.
19. Weiter längs teilen, so daß die Scheibenstärke der gewünschten Schnittbreite entspricht.
20. Quer zur Länge in Würfelbreite schneiden.
21. Wurzelwürfel in Schüssel schieben, zudecken.
22. **Julienne:** Feine, lange, dünne Stifte in Streichholzgröße wie oben beschrieben schneiden.
23. **Petersilie:** Gewaschene, ausgeschwenkte und gebündelte Petersilie gut zusammenfassen, grobe Stiele entfernen, auf nassem Brett schneiden.
24. **Methoden:**
    a) Mit Messer hacken.
    b) Mit Wiegemesser hacken.
    c) Mit einem Schneidboy zerkleinern.
    d) Durch Petersilienmühle geben.
25. Petersilie zugedeckt aufbewahren.
26. **Sellerie:** Saubere Sellerie halbieren und flach auflegen.
27. In 1 cm dicke Scheiben schneiden (s. o.).
28. Schale mit Sparschäler abschälen.
29. Kurz unter kaltem fließendem Wasser waschen.
30. Scheiben aufeinanderlegen.
31. In Streifen und in Querrichtung Streifen in Hebeltechnik schneiden.
32. Zugedeckt aufbewahren.
33. **Porree:** Von den Wurzeln zu den Blättern feinschneiden (Ringe).
34. Zugedeckt aufbewahren.
35. **Tomaten:** Den Stielansatz keilförmig aus dem Tomatendeckel herausschneiden oder mit Apfelausstecher entfernen.
36. Mit Sägemesser (Tomatenmesser) quer zum Blütenansatz in dünne Scheiben schneiden oder vierteln bzw. achteln.
37. **Meerrettich:** Frischgeputzt läßt er sich leichter reiben, wenn er vorher 1 bis 2 Stunden eingefroren wurde.
38. **Beachten:** Neben den Handgeräten können arbeitserleichternde

LERNABSCHNITT	ARBEITSABLAUF
	elektrische Geräte eingesetzt werden (z. B. Allesschneider, Zerkleinerungszusätze an Handrührgeräten, Küchenmaschinen u. a.). Wärmeentwicklung durch Reibung beachten!
Nacharbeit	39. Lebensmittel dem Rezept entsprechend weiterbehandeln.
	40. Arbeitsplatz aufräumen und säubern, Betriebsmittel sauber und trocken wegräumen.

4.5 Aufgabe: Lebensmittel vorbereiten: Zutaten mischen

Betriebsmittel: Große und kleine Schüssel, hohe Gefäße, Schläger, elektrische Geräte, Löffel, Salatbesteck, Schüttelbecher, Schneebesen.

Arbeitsgegenstände: Vorbereitete Lebensmittel, die laut Rezept gemischt werden sollen.

LERNABSCHNITT	ARBEITSABLAUF
Definition	**Mischen** Hinzufügen oder Unterarbeiten von Zutaten durch Schlagen, Vermengen, Mixen, Rühren, Kneten **Schlagen** Einarbeiten von Luft in flüssiges oder gallertartiges eiweiß- oder fettreiches Nahrungsgut.
Anwendung	z. B. Eischnee, Schlagsahne.
Vorbereitung	1. Betriebsmittel (Geräte, Gabel, Schneebesen, Küchenmaschine mit Beseneinsatz, Handmixer mit auswechselbaren Arbeitsteilen zum Rühren, Kneten und Schlagen) und Arbeitsgegenstände vollständig bereitstellen.
	2. Hohe, saubere und trockene Gefäße verwenden.
	3. Arbeitsplatz sinnvoll einrichten, evtl. an einem tiefergelegenen Arbeitsplatz arbeiten.
Durchführung	4. Gefäße auf Arbeitsfläche stehenlassen, Kreisbewegungen schräg von unten nach oben ausführen.
	5. Nicht auf Gefäßrand klopfen.
	6. Die aufgeschlagene Masse nicht lange stehenlassen, sofort weiterverarbeiten.
Besonderheiten	7. Beim Einsatz von Handgeräten: – Aus dem lockeren Handgelenk schlagen. – Mit beiden Händen im Wechsel schlagen.
	8. Bei größeren Mengen: – Elektrische Geräte einsetzen.

Definition **Vermengen**
Mischen von Lebensmitteln verschiedener oder gleichartiger Konsistenz, die nach dem Vorgang noch zu erkennen sind.

Anwendung z. B. Salate.

Vorbereitung
1. Betriebsmittel und Arbeitsgegenstände vollständig bereitstellen, Arbeitsplatz sinnvoll einrichten, evtl. an einem tiefer gelegenen Platz arbeiten.

Durchführung
2. Stets 2 Betriebsmittel (z. B. Salatbesteck) verwenden, von außen nach innen arbeiten.
3. Nicht zu kleine Gefäße verwenden.
4. Lebensmittel nach dem Vermengen abdecken.

Definition **Mixen**
Gründliches Mischen und evtl. Zerkleinern verschiedener Zutaten.

Anwendung Milchmixgetränke, Remoulade u. ä.

Vorbereitung
1. Betriebsmittel und Arbeitsgegenstände vollständig bereitstellen, Arbeitsplatz sinnvoll einrichten.
2. Kleinere Mengen in Schüttelbecher mixen.
3. Größere Mengen im Mixer oder mit Schneebesen (Milch und Saft) mixen.

Durchführung
4. Behälter nur ¾ voll füllen.
5. Bei größeren Mengen zuerst die festeren Zutaten hineingeben, bei kleineren Mengen umgekehrt.

Definition **Unterheben**
Vorsichtiges Mischen luftgelockerter Massen.

Anwendung Eischnee unter heißen Flammeri, Schlagsahne unterheben, Mehl unter Schaummasse mischen.

Vorbereitung
1. Betriebsmittel und Arbeitsgegenstände vollständig bereitstellen, Arbeitsplatz sinnvoll einrichten.

Durchführung
2. Lockere Masse auf die festere Masse geben (Ausnahme bei Cremes – festgewordene Masse auf Eischnee oder geschlagene Sahne geben).
3. Möglichst manuell mit Schneebesen oder ausgeschaltetem Handrührgerät vorsichtig unterheben.

Definition **Rühren in der Schüssel**
Mischen mit intensiven Bewegungen.

Anwendung Mayonnaise, Eierkuchenteig, Rührmasse.

LERNABSCHNITT	ARBEITSABLAUF
Vorbereitung	1. Betriebsmittel und Arbeitsgegenstände vollständig bereitstellen, Arbeitsplatz sinnvoll einrichten.
Durchführung	2. Zuerst die festeren Lebensmittel verrühren, dann die weichen Zutaten dazugeben.
	3. Möglichst arbeitserleichternde Geräte einsetzen.
Definition	**Kneten** Mischen von Zutaten unter Druck zu einer einheitlichen festen Masse.
Anwendung	Hefeteig, Strudelteig, Brotteig, Mürbeteig.
Vorbereitung	1. Betriebsmittel und Arbeitsgegenstände vollständig bereitstellen.
	2. Arbeitsplatz sinnvoll einrichten.
Durchführung	3. Die geschlossenen Finger beider Hände holen auf der Arbeitsfläche die Zutaten zur Handfläche. **Wichtig:** Kneten mit kalten Händen, besonders bei Mürbeteig.
	4. Die Handballen drücken die Zutaten mit Druck auf die Arbeitsfläche. **Beachten:** Die Dauer des Knetens ist unterschiedlich. Die Teige müssen so lange bearbeitet werden, bis sie sich vom Gefäßrand lösen und die einzelnen Bestandteile beim Durchschneiden nicht mehr sichtbar sind.
	5. Lebensmittel lt. Rezept weiterverarbeiten.
Nacharbeit	6. Arbeitsplatz aufräumen, Betriebsmittel sauber und trocken wegräumen.

4.6 Anwendungsbereiche von Normal-, Blitz- und Automatikkochplatten

4.6.1 Normal- und Blitzkochplatten

Schmelzen Quellen Erwärmen	Fortkochen kleine/große Mengen	Braten	Erhitzen Ankochen
•	1 •	2 •	3

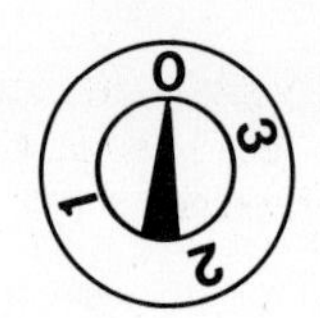

	1	2	3

1 2 3 4 5 6 7 8	9

4.6.2 Automatikkochplatten

Schmelzen Quellen Erwärmen	Dünsten Dämpfen, Kochen Schmoren	Braten	Erhitzen großer Mengen
1 2 3	4 5 6 7	8 9 10 11	12

1 2 3 4 5 6 7 8	9

4.7 Aufgabe: Garverfahren »Garziehen, Pochieren«.

Betriebsmittel: Kochtöpfe mit großer Bodenfläche entsprechend der gewählten Plattengröße.

Arbeitsgegenstände: Lebensmittel mit lockerer Struktur.

LERNABSCHNITT	ARBEITSABLAUF
Definition	**Garziehen** ist das Garen in reichlich Flüssigkeit unterhalb des Siedepunktes (80 bis 90 Grad Celsius), (Fisch, Klöße, verlorene Eier, Eierstich, Nudeln, Reis, Grieß, Sago).
Vorbereitung	1. Betriebsmittel und vorbereitete Arbeitsgegenstände vollständig bereitstellen, Arbeitsplatz sinnvoll einrichten.
Durchführung	2. **Teigwaren** Nudeln werden in reichlich kochendes Salzwasser gegeben (evtl. mit Zwiebeln würzen und etwas Öl zugeben). Kocht das Wasser wieder, nur einmal durchrühren und den Deckel nicht fest auflegen, Wärmezufuhr reduzieren (90 Grad Celsius).
	3. Teigwaren nach dem Garen (nicht zu weich werden lassen) über dem Sieb abgießen, warm abschrecken.
	Fisch 4. Fisch in lauwarmen gewürzten Fischsud geben und unter Energiezufuhr garziehen lassen. Gewürze in ein Tee-Ei geben. Fisch ist gar, wenn sich die Rückenflosse leicht herauslösen läßt.

5. Fischfilet in der fertig abgeschmeckten dicklichen Soße garziehen lassen. Fisch ist gar, wenn sich eine Gräte leicht herausziehen läßt.

Reis (Langkorn)

6. Quellflüssigkeit und Reis genau abmessen (1 Teil Reis – 2 Teile Quellflüssigkeit).
7. Flüssigkeit zum Kochen bringen.
8. Gewaschenen Reis hineingeben, einmal gründlich umrühren.
9. Langkornreis ca. 20 Min., Langkornnaturreis 30 Min. in geschlossenem Topf bei milder Wärme ausquellen lassen,
10. oder Reis in Fett andünsten, danach Flüssigkeit hinzugeben.

Milchreis

11. Milch und Reis genau abmessen (1 Teil Reis – 6 Teile Milch).
12. Beide Zutaten mit Salz und Zucker (wenig!) kalt aufsetzen, bei geringer Hitze zum Kochen bringen, ca. 30 Min. gut ausquellen lassen.

Klöße, Klopse

13. Topf mit großer Bodenfläche wählen.
14. Reichlich Wasser nehmen, salzen je nach Rezept, zum Kochen bringen.
15. Klöße nebeneinander in das kochende Wasser legen, zurückschalten. Zuerst bei halbgeschlossenem dann bei offenem Topf garziehen lassen.
16. Hefeklöße immer in geschlossenem Topf garen.
17. Garzeit beachten: Suppenklöße 5 – 10 Min.
    Große Klöße 20 – 30 Min.
18. Schwimmen die Klöße an der Oberfläche, ist dies **kein** Zeichen des Garseins. Probekloß entnehmen und auf Gare prüfen.

Besonderheiten

19. Fleischklopse, -bällchen, -klößchen auch in der fertigen Soße oder Suppe garziehen lassen, dabei nicht umrühren, sondern den Topf öfter hin- und herschwenken.

Anrichten

20. Klöße mit Schaumkelle in eine Schüssel geben, in die eine umgedrehte Untertasse gelegt wurde.
21. Lebensmittel dem Rezept entsprechend weiterbehandeln.

Nacharbeit

22. Arbeitsplatz aufräumen, säubern. Betriebsmittel sauber und trocken wegräumen.

4.8 Aufgabe: Garverfahren »Dämpfen«.

Betriebsmittel: Kochtopf mit gut schließendem Deckel, Sieb bzw. Dampfeinsätze.

Arbeitsgegenstände: Vorbereitetes kohlenhydratreiches Kochgut (Reis, Kartoffeln, zartes Gemüse, zarter Fisch).

LERNABSCHNITT	ARBEITSABLAUF
Definition	**Dämpfen** ist das Garen in strömendem Wasserdampf bei 100 Grad Celsius, deshalb wenig Wasser verwenden. Es handelt sich um ein nährstoff- und aromaschonendes Garen. Es entstehen keine Röststoffe.
Anwendung	Reis, Kartoffeln, Blumenkohl, Möhren, Erbsen, zartes Fleisch, zarter Fisch.
Vorbereitung	1. Betriebsmittel und Arbeitsgegenstände vollständig bereitstellen. Arbeitsplatz sinnvoll einrichten. 2. Topf mit gut schließendem Deckel wählen.
Durchführung	3. Siebeinsatz in den Topf stellen. Nur so viel Wasser hinzufügen, daß das Gargut nicht mit Wasser in Berührung kommt. 4. Lebensmittel entsprechend vorbehandeln, würzen und in den Siebeinsatz geben. 5. Topf gut schließen, Wasser zum Kochen bringen, rechtzeitig zurückschalten.
Besonderheiten	6. a) Gemüsesorten mit gleicher Garzeit können nebeneinander im Dampfeinsatz gegart werden (Unterteiler einlegen). b) Gemüse mit unterschiedlicher Garzeit können in übereinandergestapelten Siebeinsätzen gegart werden. Gemüse (z. B. Möhren) mit längerer Garzeit kommt nach unten. 7. Lebensmittel nach Rezept weiterverarbeiten.
Nacharbeit	8. Arbeitsplatz aufräumen, säubern. Betriebsmittel sauber und trocken wegräumen.

4.9 Aufgabe: Garverfahren »Kochen«

Betriebsmittel: Gut schließende Kochtöpfe entsprechend den gewählten Platten.

Arbeitsgegenstände: Lebensmittel mit einer besonders festen Struktur.

LERNABSCHNITT	ARBEITSABLAUF
Definition	**Kochen** ist das Garen in viel Flüssigkeit bei einer gleichbleibenden Temperatur von 100 Grad Celsius.
Anwendung	Kochfleisch-, -fisch, Kartoffeln, Gemüse, Obst. Es bilden sich keine Röststoffe. Spezielle Anwendungsform für Pudding und Serviettenklöße ist das Garen im Wasserbad. Zum Lösen der Nähr- und Geschmacksstoffe für Suppen und Soßen. Wegen der starken Auslaugverluste beim Kochen von Kartoffeln und Gemüse die Flüssigkeitsmenge beschränken.
Vorbereitung	1. Betriebsmittel und Arbeitsgegenstände vollständig bereitstellen, Arbeitsplatz sinnvoll einrichten.
Durchführung	2. **Methoden** a) Beim Auskochen von Lebensmitteln diese nach entsprechender Vorbehandlung in kaltes Wasser legen und langsam zum Kochen bringen. b) Bei allen übrigen Verfahren Lebensmittel in kochende Flüssigkeit legen.
	3. Topf mit gut schließendem Deckel verwenden.
	4. Flüssigkeit beim Aufsetzen würzen (außer Fleisch und Fisch).
	5. Nur so viel Wasser wie notwendig verwenden.
	6. Kurz bevor sich eine Dampffahne entwickelt, Wärmezufuhr reduzieren.
	7. Speicherwärme der E-Platte berücksichtigen.
	8. Bedienung der Automatikplatte beachten (7 – 8).
	9. Garzeiten (s. Rezept) so kurz wie möglich halten.
	10. Nicht unnötig in den Topf sehen.
	11. Nicht benötigtes Kochwasser möglichst weiterverwenden.
	12. Lebensmittel entsprechend dem Rezept weiterbehandeln.
Nacharbeit	13. Arbeitsplatz aufräumen, säubern. Betriebsmittel sauber und trocken wegräumen.

4.10 Aufgabe: Garverfahren »Schnellgaren im Drucktopf«.

Betriebsmittel: Druckkochtopf, Einsätze.

Arbeitsgegenstände: Vorbereitete Lebensmittel mit langer Garzeit, fester Zellstruktur und festem Bindegewebe. Nicht für stark schäumende Lebensmittel geeignet.

LERNABSCHNITT	ARBEITSABLAUF
Definition	**Schnellgaren unter Dampfdruck** ist das Garen in einem fest verschlossenen Gefäß (Drucktopf, Autoklav) bei Kochbetriebsdruck von 2,2 bar und etwa 120 Grad Celsius.
Anwendung	Rindfleisch, Rotkohl, Sauerkraut, Paprika, Puddinge u. a.
Vorbereitung	1. Betriebsmittel und Arbeitsgegenstände vollständig bereitstellen, Arbeitsplatz sinnvoll einrichten.
Durchführung	2. Bedienungsanleitung genau beachten. Ring I: Fisch, zartes Fleisch, empfindliche Gemüse und Obst. Ring II: Fleisch, Eintöpfe, Gemüse mit fester Zellstruktur, Kartoffeln.

3. Topfgröße nach Menge des Garguts auswählen.

4. **Methoden**
   a) Garen mit Siebeinsatz in Wasserdampf.
   b) Garen in mehr oder weniger Flüssigkeit.
   c) Turmkochen: nur Speisen mit gleicher Garzeit einschichten.

5. Einsätze ohne Füße nicht direkt auf den Topfboden stellen. Dreibein-Untersatz verwenden.

6. Je nach Topfgröße

2,5-l-Pfanne	=	125 ml Flüssigkeit
3,5-l-Topf	=	125 ml Flüssigkeit
4,5-l-Topf	=	200 ml Flüssigkeit
6,0-l-Topf	=	225 ml Flüssigkeit
8,0-l-Topf	=	250 ml Flüssigkeit

7. Bei steigendem Kochgut (Suppen u. ä.) den Topf höchstens bis zu ⅔ füllen.

8. Dichtungsring im Deckel auf richtigen Sitz prüfen.

9. Topfrand, wenn nötig, säubern.

10. Beide Ventile auf Beweglichkeit prüfen.

Schließen

11. Deckel so auf den Topf drücken, wie die Zeichen angeben.

12. Beide Griffe fest aufeinanderschieben.

13. Entsprechende Garstufen einstellen.

Ankochen

14. Bei starker Energiezufuhr ankochen, diese dann drosseln.
15. Die Automatikplatte des Elektroherdes eignet sich nicht für das Druckverfahren.

Druckgaren

16. Druckanzeiger beachten. Ist der 1. Ring zu sehen, herunterschalten.
17. Lebensmittel nicht übergaren. Garzeit gilt ab dem 2. Ring, vgl. S. 108, 2.

Öffnen

18. Topf **nie** mit Gewalt öffnen.

Methoden

a) Kaltes Wasser zum Abkühlen über den Topfdeckel laufenlassen.
b) Öffnungsschieber so lange betätigen, bis der Kochanzeigestift versunken ist.
Vorsicht! Nicht geeignet für Suppen, Breie, Mus.
c) Topf beiseitestellen und abkühlen lassen, bis der Kochanzeigestift versunken ist.
Vorsicht! Nachgarzeit (5 bis 10 Min.) berücksichtigen. Deshalb nicht geeignet für Gemüse, Obst, Kartoffeln und Fisch.

19. Ein zischendes Geräusch zeigt den Abfall des Dampfdruckes an.
Vorsicht! Lebensmittel mit fester Oberflächenstruktur (Kochwürste, Zunge u. ä.) stehen weiter unter Druck. Nicht anstechen, sondern vor dem Druckgaren einritzen!
20. Den Topf vorsichtig kurz rütteln, dann die beiden Griffe ohne Gewalt auseinanderziehen.
21. Vorsicht beim Transport des Topfes.
22. Gericht nach Rezept abschmecken und anrichten.

Nacharbeit

23. Arbeitsplatz aufräumen, säubern. Betriebsmittel sauber und trocken wegräumen.

4.11 Aufgabe: Garverfahren »Dünsten«

Betriebsmittel: Flache Töpfe mit großer Bodenfläche und gut schließendem Deckel.

Arbeitsgegenstände: Vorbereitete Lebensmittel mit zarter bis mittelzarter Zellulose bzw. zartem Bindegewebe.

LERNABSCHNITT	ARBEITSABLAUF
Definition	**Dünsten** ist Garen in wenig Flüssigkeit bei 95 bis 100 Grad Celsius oder wenig Fett.
Anwendung	Obst, Gemüse (Spinat, Möhren u. ä.), Reis, Fisch oder Fleisch mit zartem Bindegewebe.
Vorbereitung	1. Betriebsmittel und Arbeitsgegenstände vollständig bereitstellen, Arbeitsplatz sinnvoll einrichten.
Durchführung	2. **Methoden** a) Garen in wenig Flüssigkeit für: Möhren, Kohl, Kartoffeln, Bohnen und Kernobst sowie zartes Fleisch. b) Garen in eigener Flüssigkeit für wasserreiches Gemüse, wie Spinat, Obst und Fleisch. c) Andünsten in Fett, Garen in wenig Flüssigkeit: Kohlgemüse, Gemüse für Eintöpfe, Möhren, grüne Bohnen. Fett darf beim Dünsten nicht bräunen, wenig Wasser zugeben. d) Andünsten in Fett, Garen in eigener Flüssigkeit: Hirn, Leber, Kalbfleisch, Putenbrust. Langsam erhitzen, der austretende Fleischsaft darf nicht als Dampf entweichen. 3. Bevor Dampffahne entweicht, Energiezufuhr drosseln. 4. Topf evtl. schwenken. 5. Garzeiten einhalten. 6. Deckel während der Garzeit nicht öffnen. 7. Evtl. Dünstflüssigkeit mitverwenden. 8. Lebensmittel nach Rezept weiterverarbeiten.
Nacharbeit	9. Arbeitsplatz aufräumen, säubern. Betriebsmittel sauber und trocken wegräumen.

4.12 Aufgabe: Garverfahren »Schmoren«

Betriebsmittel: Dickwandige, schwere Töpfe mit großer Bodenfläche und gut schließendem Deckel, Spritzschutz, evtl. Drucktopf.

Arbeitsgegenstände: Vorbereitete Fleischstücke mit festem Bindegewebe, vorbereitetes Gemüse mit fester Zellstruktur, Bratfett, evtl. Mehl.

LERNABSCHNITT	ARBEITSABLAUF

Definition

Beim **Schmoren** handelt es sich um ein kombiniertes Garverfahren, und zwar:
- Anbraten (Anbräunen) von allen Seiten mit heißem Fett im offenen Gefäß.
- Weitergaren nach Zugabe von wenig kochender Flüssigkeit im geschlossenen Gefäß bei einer Temperatur von 100 Grad Celsius.

Anwendung

Fleisch: Rouladen, Schmorbraten u. ä.
Gemüse: Kohl, gefülltes Gemüse u. ä., Zwiebeln und Kartoffeln.

Vorbereitung

1. Betriebsmittel und Arbeitsgegenstände vollständig bereitstellen, Arbeitsplatz sinnvoll einrichten.

Durchführung

2. Bei Bedarf das vorbereitete Fleisch erst in Mehl wenden, Gemüse nach dem Waschen sehr gut ausschütteln.
3. Erst kurz nach dem Anbraten salzen und würzen.

Anbraten

4. Bratfett in einem Topf stark erhitzen.
5. Das Fleisch bzw. Gemüse im heißen Fett von allen Seiten anbraten und evtl. bräunen, Spritzschutz verwenden.
6. Nicht zuviel Fleisch bzw. Gemüse auf einmal in den Topf geben.
7. Nach dem Anbraten weitere Zutaten (z. B. Zwiebeln) hinzufügen und weiterschmoren.
8. **Salzen und würzen**
   (nach Rezeptangaben)
   Hinweis: Paprikapulver nicht in das heiße Fett geben, sondern erst nach Zugabe von Flüssigkeit. Kümmel ist ein typisches Gewürz für Kohlgerichte.

Dünsten

9. Nach dem Anbraten Gargut weitergaren, indem wenig kochendes Wasser oder Brühe durch den Spritzschutz hineingegeben wird, bis das Schmorgut knapp zur Hälfte bedeckt ist. Dabei nicht direkt über das Schmorgut gießen.
10. Den Topf mit dem Deckel schließen.
11. Energiezufuhr drosseln.

LERNABSCHNITT	ARBEITSABLAUF

12. Auf evtl. Flüssigkeitsverluste achten, notfalls mit heißer Flüssigkeit ergänzen.
13. Das Fleisch nicht übergaren, herausnehmen, Röststoffe vom Topfrand lösen.
14. Lebensmittel nach Rezept weiterverarbeiten.
15. **Herstellen der Sauce**
    - Pürreebindung: Durch feines Pürieren mit Hilfe eines Pürierstabes eines Teiles des gegarten Nahrungsmittels oder Zugabe von pürierten Kartoffeln bzw. eines Fertigproduktes.
    - Eiweißbindung: je nach Lebensmittel Hinzugabe von Mager-, Speise- und Sahnequark oder Leber bzw. Leberpastete.
    - Einkochen: den vorhandenen Saucenfond auf ein Zehntel seines Volumens einkochen. Aus 2,5 l Saucenfond erhält man ¼ l Sauce.
    - Sahnebindung: Kombination von Einkochen und Emulgieren, Sahne erst in der letzten Vorbereitungsphase dazugeben.
    - Eigelb-Bindung: Kombination von Einkochen und Emulgieren, nicht mehr aufkochen.
    - Stärkebindung: angerührte Stärke in die heiße Flüssigkeit geben.
16. Anrichten.

Nacharbeit

17. Arbeitsplatz aufräumen, säubern. Betriebsmittel sauber und trocken wegräumen.

4.13 Aufgabe: Garverfahren »Braten in der Pfanne«.

Betriebsmittel: Bratpfanne, 2 Bratenwender, Spritzschutz.

Arbeitsgegenstände: Vorbereitete Lebensmittel mit zarter Faser oder solche, die bereits portioniert sind.

LERNABSCHNITT	ARBEITSABLAUF

Definition **Garen und Bräunen** von Lebensmitteln in wenig oder eigenem Fett bei einer Temperatur von 120 bis 180 Grad Celsius.

Anwendung Fleisch (z. B. Innereien – Leber, Bratwürste), Fisch, Eierspeisen, Kartoffeln, Zwiebeln, Zucchinis u. a.

Vorbereitung

1. Betriebsmittel und Arbeitsgegenstände vollständig bereitstellen, Arbeitsplatz sinnvoll einrichten.
2. Bratgut mit Trockenkrepp trocknen.

3. Panieren (nicht unbedingt notwendig), unmittelbar vor dem Garen.

Methoden

a) Wiener Panade: Schnitzel, Kotelett, Fischfilet:
- Würzen
- In Mehl wenden, gut abschütteln
- In geschlagenem Ei wenden
- In Semmelbrösel (Paniermehl) wenden
Panierbehälter in entsprechender Reihenfolge hinstellen, rechts beginnen.

b) Nur in Mehl wenden: Leber, Bratwurst, erst nach dem Braten würzen.

c) Nur in geriebenem Semmelmehl: Fleischklopse.

d) Panieren ohne Ei (Kotelett, Schnitzel): Das Paniermehl mit etwas Sahne oder Dosenmilch mischen, die Fleischstücke darin wenden.

4. Das vorbereitete Bratgut neben den Herd stellen.

5. Fett bereitstellen:
- Bei hohen Temperaturen (160 bis 180 Grad Celsius) vorzugsweise wasser- und eiweißfreies Fett verwenden (z. B. Kokosfett, Butterschmalz).
- Bei niedrigen Temperaturen Butter oder Margarine verwenden.

Durchführung

6. Die Pfanne zuerst ohne Fett erhitzen. Fett zugeben und solange erhitzen, bis sich eine schwache »Dampffahne« oder »Fettringe« bilden.

7. Sparsam mit Fett umgehen, aber auch nichts nachgeben.

8. Trockenes Bratgut einlegen, die Pfanne leicht hin- und herbewegen. Bratgut wenden, wenn eine bräunliche Färbung eingetreten ist. Die Fleischstücke müssen alle den Pfannenboden berühren.

9. Beim Wenden 2 Bratenwender benutzen.

10. Wenn das Kurzgebratene gleichmäßig brät und Krustenbildung erfolgt ist, Energiezufuhr drosseln.

11. Garzeit beachten, evtl. kurz vor Ende der Bratzeit das Bratfett abgießen und durch Butter ersetzen.

12. Wenn notwendig, das Bratgut nach dem Braten auf Küchenkrepp legen, nach Rezept weiterverarbeiten.

Nacharbeit

13. Bratpfanne sofort mit heißem Wasser ausspülen (Vorsicht!), auswaschen. Nicht in die Geschirrspülmaschine geben.

14. Arbeitsplatz säubern, aufräumen. Betriebsmittel sauber und trocken wegräumen.

4.14 Aufgabe: Garverfahren »Braten im Backofen«

Betriebsmittel: Fettpfanne, Bratentopf, Aluminiumfolie, Bratfolie, Römertopf, Messer, Anrichtegeschirr.

Arbeitsgegenstände: Vorbereitete größere Fleischstücke mit zarter Faser und wenig Bindegewebe über 1 kg, Gewürze u. a. (s. Rezept).

LERNABSCHNITT	ARBEITSABLAUF
Definition	**Garen und Bräunen** mit oder ohne Zugabe von Fett und Flüssigkeit in trockener Hitze bei Temperaturen von 150 bis 220 Grad Celsius.
Anwendung	Geflügel-, Wild-, Schweine-, Lamm- und Rindfleisch von über 1 kg, das lt. Rezeptangaben zum Braten geeignet ist.
Vorbereitung	1. Betriebsmittel und Arbeitsgegenstände vollständig bereitstellen, Arbeitsplatz sinnvoll einrichten.
Durchführung	2. Methoden a) Bratgut bei trockener Hitze und bei möglichst hohen Temperaturen auf dem Rost oder in der Fettpfanne bräunen (z. B. Lammkeule, Schweinebraten). b) Bratgut bei hohen Temperaturen im offenen Bratentopf (auf dem Rost) anbraten, im geschlossenen Topf bei 90 Grad Celsius schmoren (z. B. Filetbraten, Schmorbraten). c) Bratgut im geschlossenen Behälter garen, im offenen Gefäß bei möglichst hohen Temperaturen bräunen (z. B. fettarme Braten).
	3. Fleisch waschen, abtrocknen, je nach Fleischart mit Salz, Pfeffer, Curry, Zwiebel- oder Knoblauchgewürz, Rosmarin, Thymian, Majoran gut einreiben, evtl. vorher beizen.
	4. **Magere Braten:** In die mit Wasser ausgespülte Fettpfanne oder einen nicht zu großen Bratentopf legen, mit wasserfreiem Fett bestreichen bzw. mit Speckstreifen belegen oder spicken.
	5. **Fette Braten:** Auf dem Rost über der Fettpfanne zubereiten. Die rautenförmig angeschnittene Fettschicht liegt oben. Wasser in die Fettpfanne geben.
	6. Einschubhöhe beachten: Je höher der Braten, desto tiefer muß er eingeschoben werden.
	7. Wärmeregulierung so einstellen, daß eine schnelle Krustenbildung erfolgt. Fettreiche Braten können stärker erhitzt werden, nach der Verkrustung zurückschalten. Zwischendurch mit Flüssigkeit begießen.
	8. **Geschmackszutaten:** Nach der halben Bratzeit in die Fettpfanne oder den Bratentopf legen. Sind sie angebräunt, wenig kochendes Wasser oder Brühe dazugeben.
	9. Braten evtl. wenden und mit Zucker (Bratenkruste) oder mit einer Mischung von Fleischextrakt und kochender Milch (Glasieren) über-

streichen. Geeignet sind dazu auch dunkles Bier oder Pils.

10. **Garzeit:** Pro cm Dicke rechnet man ungefähr 10 Minuten.

11. **Garprobe:** Nicht hineinstechen. Kontrolle durch Druck mit Bratenwender:
    - Roter Fleischsaft – roh (englisch)
    - Rosa Fleischsaft – halb durchgebraten (medium)
    - Grauer Fleischsaft – durchgebraten (welldone)

    oder noch sicherer: Bratenthermometer verwenden.

12. Der fertige Braten wird auf eine vorgewärmte Platte gelegt und nochmals in den ausgeschalteten Ofen gestellt. Ca. 5 bis 10 Minuten ruhen lassen.

13. **Herstellen der Sauce:** In der Zwischenzeit Sauce zubereiten, Bratensaft aus der Fettpfanne oder dem Bratentopf lösen und durch ein Sieb in einen Topf gießen (ca. zwei- bis dreimal wiederholen).

14. Überflüssiges Fett mit geeignetem Gerät (z. B. Schöpfkelle) abschöpfen, erkalten lassen, dann abschöpfen oder Spezialtopf zum Entfetten verwenden.

15. Sauce weiterverarbeiten, vgl. S. 112.

Anrichten:

16. Sauce in vorgewärmte Sauciere gießen (evtl. Sieb verwenden).

17. Braten auf einem Fleischbrett quer zur Faser in gleichmäßige Tranchen schneiden.

18. Fleischtranchen schuppenartig in einer Reihe von links nach rechts auf die Fleischplatte legen.

19. Beim Garnieren auf Farbkontraste achten.

Besonderheiten

Braten in besonderen Behältern

20. **Bratentopf:** Bratgut vorbereiten, Gefäß schließen und mit dem Rost auf die untere oder mittlere Schiene in den Backofen stellen.

21. Garzeit länger bemessen, Temperatur höher einstellen, Ofen nicht vorheizen.

22. **Bratfolie:** Von der Bratfolie ein so großes Stück abtrennen, daß der Braten gut hineinpaßt und links und rechts 5 cm überstehen. Folie mit einem Clip schließen, auf den Gitterrost legen, zwei- bis dreimal Folie einstechen, zur Sicherheit unter den Gitterrost Fettpfanne schieben. Nicht über 220 ° C erhitzen.

23. Nach der Garzeit die Folie mit dem Bratgut in eine Schüssel oder einen Topf legen, an einer Seite so öffnen, daß der entstandene Bratensaft aufgefangen werden kann.

24. Bratensaft zur Sauce verwenden.

25. Braten herausnehmen und so weiterbehandeln wie oben beschrieben (bzw. nach Rezept).

26. **Aluminiumfolie:** Gargut locker in Alufolie mit 1 bis 2 Eßlöffel Flüssigkeit und ungesalzen gut verschlossen einwickeln. Die blanke Seite der Alufolie gehört nach innen.

27. Auf den Gitterrost des Backofens legen, zur Sicherheit Fettpfanne darunterschieben.

28. Kurz vor dem Ende der Bratzeit Folie öffnen. **Wichtig:** Die Garzeit kann sich verlängern.

29. Nach der Garprobe Braten herausnehmen und wie oben beschrieben weiterbehandeln (bzw. nach Rezept).

30. **Braten im Römertopf:** Römertopf 15 Minuten in warmem Wasser einweichen.

31. Gargut würzen und einlegen.

32. Römertopf in den nicht vorgeheizten Backofen stellen, dann erst Temperatur einstellen.

33. Die üblichen Garzeiten sind etwa um 25 v. H. verlängert.

34. Zur besonderen Bräunung den Deckel 15 Minuten vor Ende der Bratzeit abheben.

35. Nach dem Garen Braten herausnehmen und wie oben beschrieben weiterbehandeln (bzw. nach Rezept).

Nacharbeit

36. Arbeitsplatz aufräumen, säubern. Betriebsmittel sauber und trocken wegräumen.

4.14.1 Back- und Brattemperaturen im Backofen

Elektroherd Unter/Oberhitze	**Elektroherd** Umluft	**Gasherd**
140 °C	110 °C	Stufe 1
160 °C	130 °C	Stufe 2
180 °C	150 °C	Stufe 3
200 °C	170 °C	Stufe 4
220 °C	190 °C	Stufe 5
240 °C	210 °C	Stufe 6
260 °C	230 °C	Stufe 7
280 °C	250 °C	Stufe 8

Schwache Hitze: 160 °C
Mittelhitze: 180 °C bis 200 °C
Starke Hitze: über 200 °C

4.15 Aufgabe: Garverfahren »Grillen«

Betriebsmittel: Elektrogrill: Strahlungsgrill, Kontaktgrill, evtl. Spieß.

Arbeitsgegenstände: Vorbereitetes Fleisch mit wenig Bindegewebe, Fisch, wasserreiches Gemüse, Obst, Gewürze, u. a. (s. Rezept).

LERNABSCHNITT	ARBEITSABLAUF
Definition	Garen bei starker Strahlungshitze (350 °C) oder direktem Kontakt mit der Grillfläche (ca. 300 °C).
Anwendung	Filet, Ćevapčići, Schnitzel, Steaks, Tomaten, Bananen u. ä., Fleischstücke über 8 cm Dicke und Geflügel auf dem Drehspieß grillen.
Vorbereitung	1. Betriebsmittel und Arbeitsgegenstände vollständig bereitstellen, Arbeitsplatz sinnvoll einrichten.
	2. Bei **Fleisch** Häute und Sehnen entfernen.
	3. Fleisch gegebenenfalls in eine Beize aus Öl, Essig und Kräutern legen.
	4. Grillgut nicht salzen.
	5. **Fisch** säubern, säuern, salzen und mit hocherhitzbarem Fett bepinseln.
	6. **Obst, Gemüse** säubern, evtl. vorgaren, mit hocherhitzbarem Fett bepinseln.
	7. Kartoffeln in Alufolie wickeln.
Durchführung	8. **Grillgerät** evtl. bei geschlossener Tür 3 bis 5 Minuten vorheizen (bis die Grillstäbe glühen).
	9. Rost bzw. Gitter einölen, Fettauffangschale unter das Grillgitter stellen.
	10. Schutzblech einschieben.
	11. Flaches Grillgut hoch unter die Grillstäbe in den Strahlungsbereich schieben (ca. 10 cm), hohes Grillgut tiefer.
	12. Bei offenem Grill oder Backofen (Schalterschutzblende einsetzen!) grillen, Ausnahme: Umluft oder Grill mit Mikrowelle.
	13. Nach der halben Grillzeit wenden (hohe Fleischteile häufiger), dabei nicht einstechen, Zange verwenden.
	14. Garzeiten einhalten (s. Rezept).
	15. Gegen Ende der Grillzeit evtl. Beilagen hinzulegen.
	16. Grillgut nach dem Garen würzen, sofort servieren.
	17. Tropffett nicht verwenden.
Nacharbeit	18. Arbeitsplatz aufräumen, säubern. Betriebsmittel sauber und trocken wegräumen.

4.16 Aufgabe: Garverfahren »Fritieren«

Betriebsmittel: Friteuse, Durchschlag, Küchenkrepp, Schaumkelle.

Arbeitsgegenstände: Vorbereitete Teigstücke (z. B. Hefeteig, Brandmasse), Gemüse und Obst in Ausbackteig, geschnittene Kartoffeln, Fleisch, Fisch, Kroketten u. a., hocherhitztes Fett.

LERNABSCHNITT	ARBEITSABLAUF
Definition	Fritieren ist Garen und Bräunen im heißen Fettbad bei Temperaturen von ca. 180 °C. **Wichtig:** Vorsicht beim Umgang mit heißem Fett: Schutzbekleidung (Armstutzen) tragen, Fettspritzer auf dem Fußboden sofort entfernen.
Anwendung	Berliner, Krapfen, Pommes frites, Kroketten, Chicorée im Bierteig, Fleisch- und Geflügelstücke paniert oder in Ausbackteig, panierter Fisch u. a.
Vorbereitung	1. Betriebsmittel und Arbeitsgegenstände vollständig bereitstellen, Arbeitsplatz sinnvoll einrichten. 2. Ausreichend wasserfreies, hitzebeständiges Fett (kein Fettgemisch) in die Friteuse geben, auf 160 bis 180 Grad Celsius erhitzen. Je kleiner das Gargut (z. B. Pommes frites), desto höher die Temperatur, je größer das Gargut (z. B. Hähnchenteile), desto niedriger die Temperatur. 3. Das Fett ist heiß genug, wenn: a) sich der Thermostat ausschaltet, b) ein frisches Stück Weißbrot in 30 Sekunden gebräunt ist, c) sich bei einem Stück Kartoffel kleine Bläschen im Ring bilden. 4. Trockenes Gargut in Fritiereinsatz oder auf der Schaumkelle in das heiße Fett gleiten lassen, bei Teigstücken diese auf Pergamentpapier legen und unter Abstreifen des Papiers in das Fettbad gleiten lassen. 5. Nicht zu viele Stücke auf einmal hineingeben. 6. Fritiergut wenden. 7. Auf gleichbleibend hohe Temperatur des Fettes achten. 8. Garzeit beachten. 9. Fritiergut mit dem Einsatz oder der Schaumkelle aus dem Fett heben, evtl. auf Küchenkrepp abtropfen lassen, je nach Rezept salzen, würzen, in Zucker legen o. ä. und gleich anrichten. 10. Vor erneutem Beschicken der Friteuse wieder Hitzeprobe machen. 11. Fett, das bereits deutlich verfärbt ist und eigenartig riecht, rechtzeitig auswechseln, nicht in den Ausguß schütten, sondern z. B. in einer Konservendose sammeln und der entsprechenden Abfallentsorgung zuführen.

LERNABSCHNITT	ARBEITSABLAUF
Besonderheiten	12. Fett kann evtl. zwei- bis viermal verwendet werden, es muß dann aber von Verunreinigungen befreit werden, indem es nach dem Erkalten mit Wasser aufgekocht wird. Nach dem vollständigen Abkühlen und Erstarren der Fettschicht löst man diese und befreit sie an der Unterseite durch Abkratzen von evtl. Schwebeteilchen.
Nacharbeit	13. Arbeitsplatz aufräumen, säubern. Betriebsmittel sauber und trocken wegräumen.

4.17 Aufgabe: Lebensmittel im Mikrowellengerät aufbereiten

Betriebsmittel: Mikrowellengerät, mikrowellengeeignetes Aufbereitungsgeschirr (Porzellan ohne Gold- oder Silberdekor, Glas, glasierte Keramikgefäße, Pappe, Papier, mikrowellengeeignete Kunststoffgefäße, kein Metall!).

Arbeitsgegenstände: Tiefkühlkost, portionierte Speisen, nicht geeignet für evtl. mit Mikroorganismen und Parasiten behaftete Lebensmittel.

LERNABSCHNITT	ARBEITSABLAUF
Definition	Aufbereiten von Speisen durch elektromagnetische Wellen, die im Lebensmittel eine Reibungswärme erzeugen.
Anwendung	– Tiefkühlportionen auftauen und erwärmen. – Eßportionen wieder aufwärmen. – Getränke erwärmen. – Kleine Eßportionen, flache Teige und Massen in kleinen Mengen garen. **Wichtig:** Lebensmittel ohne eigene Gewebeflüssigkeit lassen sich nicht garen.
Vorbereitung	1. Betriebsmittel und Arbeitsgegenstände vollständig bereitstellen, Arbeitsplatz sinnvoll einrichten.
Durchführung	2. Speisen in geeignetes Aufbereitungsgeschirr füllen. Von geschlossenen Gefäßen stets die Abdeckung entfernen, auch bei Babyflaschen Verschlußplatte und Sauger entfernen. Nach dem Erhitzen gut schütteln und umrühren. 3. Speisen möglichst abdecken. Ausnahmen sind panierte Fleisch- und Fischgerichte. 4. Leistungsstufe und Zeit einstellen, Garzeit genau beachten, denn die Garzeit verdoppelt sich bei doppelter Menge (z. B. 1 Tasse Wasser = 1½ Min., 2 Tassen Wasser = 3 Min.). 5. Gericht nach Ende der Garzeit herausnehmen, einige Minuten bei Raumtemperatur stehen lassen.

LERNABSCHNITT	ARBEITSABLAUF
	6. Nach Rezeptangaben weiterverarbeiten, anrichten und servieren.
	7. Arbeitsplatz aufräumen, säubern. Betriebsmittel sauber und trocken wegräumen.

4.18 Aufgabe: Eintöpfe herstellen

Betriebsmittel: Kochtopf, übrige Geräte vgl. Vorbereitungsverfahren.

Arbeitsgegenstände: Vorbereitetes Fleisch, Gemüse, Nährmittel, Gewürze, u. a. (s. Rezept).

LERNABSCHNITT	ARBEITSABLAUF
Definition	Gerichte, bei denen alle Zutaten in einem Topf gegart werden.
Anwendung	Gemüse- und Fleischeintöpfe u. a.
Vorbereitung	1. Betriebsmittel und Arbeitsgegenstände vollständig bereitstellen, Arbeitsplatz sinnvoll einrichten.
Durchführung	2. Wenn ein Lebensmittel (z. B. Fleisch) länger garen muß, wird es angebraten oder vorgegart.
	3. Es entsteht ein besserer Geschmack, wenn Zwiebelwürfel und/oder Wurzelgemüse vorher in wenig Fett angedünstet werden.
	4. Beachten: Wenn die Zutaten nicht die gleiche Garzeit haben, werden sie nach Garzeitlänge eingeschichtet.
	5. Während des Einschichtens würzen.
	6. Brühe oder Wasser einfüllen. Für einen Gabeleintopf wenig, für einen suppigen Eintopf mehr Flüssigkeit verwenden. Bei Verwendung von Hülsenfrüchten und Nährmitteln ist mehr Flüssigkeit erforderlich.
	7. Den Topf mit einem Deckel schließen, bei milder Hitze garen.
	8. Unbedingt auf die Garzeit achten (s. Rezept).
	9. Eintopf möglichst nicht umrühren.
	10. Zum Schluß nach Rezept abschmecken.
	11. Frischgehackte Kräuter kurz vor dem Anrichten hinzufügen.
	12. Anrichten.
Nacharbeit	13. Arbeitsplatz aufräumen, säubern. Betriebsmittel sauber und trocken wegräumen.

4.19 Aufgabe: Aufläufe herstellen

Betriebsmittel: Feuerfestes Gefäß mit bzw. ohne Deckel.

Arbeitsgegenstände: Rohe oder gegarte Zutaten, die sich geschmacklich ergänzen (aus Fleisch, Fisch, Nährmitteln, Gemüse, Obst).

LERNABSCHNITT	ARBEITSABLAUF
Definition	Gerichte, die aus getrennt geschichteten oder vermischten Zutaten bestehen und in einem feuerfesten Gefäß aus Glas, Steingut oder Porzellan im Backofen gegart werden.
Anwendung	Makkaroni-, Gemüse-, Fleisch-, Quark-, Reisauflauf usw., gute Resteverwertung.
Vorbereitung	1. Betriebsmittel und Arbeitsgegenstände vollständig bereitstellen, Arbeitsplatz sinnvoll einrichten.
Durchführung	2. Vorbereitete Zutaten nach Rezept in gefettete Form (nur Boden einfetten) einschichten, dabei leicht salzen oder würzen.
	3. Rand der Form nach dem Einfüllen sorgfältig säubern.
	4. Soße oder Eiermilch (s. Rezept) zubereiten und übergießen. Evtl. Parmesankäse, Butterflöckchen und/oder geriebene Semmel überstreuen.
	5. Aufläufe aus rohen Zutaten beim Garen zudecken, untere Einschubleiste auf Backofenrost (konventioneller Backofen).
	6. Aufläufe aus gegarten Zutaten ohne Deckel garen, obere Einschubleiste auf Backofenrost (konventioneller Backofen).
	7. Den fertig vorbereiteten Auflauf in den kalten oder vorgeheizten Backofen schieben und bei ca. 200 °C backen, bei Umluftöfen 30 °C weniger.
	8. Nach Beendigung der Garzeit aus dem Ofen nehmen.
	9. Anrichten, in einem Gestell zu Tisch bringen.
Besonderheiten	10. Zum Auflauf eine passende Soße (s. Rezept) herstellen.
Nacharbeit	11. Arbeitsplatz aufräumen, säubern. Betriebsmittel sauber und trocken wegräumen.

4.20 Aufgabe: Legieren (abziehen)

Betriebsmittel: Kochtopf, Schöpfkelle, Tasse, Gabel.

Arbeitsgegenstände: Gebundene Suppen und Soßen, die geschmacklich verfeinert werden sollen.

LERNABSCHNITT	ARBEITSABLAUF
Definition	Verfeinern und Binden von Suppen und Soßen. **Wichtig:** Eigelb hat eine verstärkt dickende Wirkung.
Anwendung	Suppen und Soßen: Vanille-, Spargel-, Pilzsuppe, Vanille-, Mandel-, Karamelsoße, Frikasseesoße.
Vorbereitung	1. Betriebsmittel und Arbeitsgegenstände vollständig bereitstellen, Arbeitsplatz sinnvoll einrichten.
Durchführung	2. Eigelb mit etwas Salz oder Zucker je nach Rezept und etwas Flüssigkeit in einer Schöpfkelle oder Tasse verquirlen, 1 bis 3 EL kochende Flüssigkeit vorsichtig einlaufen lassen, kräftig schlagen. 3. Fortsetzen, bis die Kelle oder Tasse halbvoll ist und die Eimasse eine gebundene Konsistenz zeigt. 4. Topf von der Platte nehmen und das Eigemisch unter Rühren in die Speise einfließen lassen. 5. Nicht wieder aufkochen lassen (gerinnt).
Besonderheiten	6. Eigelb kann auch mit Sahne verquirlt und dann wie oben beschrieben weiterverarbeitet werden. 7. Nach Rezept weiterverfahren, anrichten und servieren.
Nacharbeit	8. Arbeitsplatz aufräumen, säubern. Betriebsmittel sauber und trocken wegräumen.

4.21 Aufgabe: Überbacken (Gratinieren)

Betriebsmittel: Gefettete Formen.

Arbeitsgegenstände: Vorbereitetes Gemüse, Fleisch, Fisch, vorbereiteter Käse, Eier.

LERNABSCHNITT	ARBEITSABLAUF
Definition	Bräunen der Oberfläche in trockener Heißluft.
Anwendung	Überbackenes Gemüse: Blumenkohl, Spargel, Schwarzwurzeln, Chicorée, Ragoût fin, Toast, Kartoffelbrei, Eierspeisen u. ä. Gut geeignet für die Resteverwertung von Fleischgerichten.

LERNABSCHNITT	ARBEITSABLAUF
Vorbereitung	1. Betriebsmittel und Arbeitsgegenstände vollständig bereitstellen, Arbeitsplatz sinnvoll einrichten.
Durchführung	2. Blanchiertes, abgetropftes **Gemüse** in große gefettete Auflaufform oder in Portionsförmchen sauber einfüllen, mit einer Soße nach Rezept übergießen.
	3. Backofen auf 170 bis 220 Grad Celsius vorheizen, evtl. nur Oberhitze oder Grillstäbe wählen.
	4. **Ragoût fin:** Sauber einfüllen, geriebenen Käse überstreuen, geriebene Semmel und anschließend Butterflöckchen darübergeben.
	5. In den Backofen schieben, s. o.
	6. **Baiserhaube:** Speise einfüllen, Baisermasse herstellen, aufstreichen oder im Muster aufspritzen, sofort überbacken.
	7. Ohne Deckel so lange überbacken, bis die gewünschte Bräunung erreicht ist.
	8. Dauer des Überbackens genau beachten.
	9. **Anrichten:** Speisen bleiben in der Form (Untersetzer nicht vergessen).
	10. Überbackenes sofort servieren.
Nacharbeit	11. Arbeitsplatz aufräumen, säubern. Betriebsmittel sauber und trocken wegräumen.

4.22 Aufgabe: Backen (Arbeitsvorbereitung)

Betriebsmittel: Arbeitsgeräte, Backformen möglichst aus dunklem und mattem Schwarzblech oder mattem Aluminium oder kunststoffbeschichtete Backformen.

Arbeitsgegenstände: Vorbereitete Zutaten (s. Rezept), Auf- und Einlagen.

LERNABSCHNITT	ARBEITSABLAUF
Definition	Backen ist ein Garen unter Bräunung in trockener, heißer Luft bei unterschiedlichen Temperaturen, je nach Gebäckart; von 150 bis 250 Grad Celsius. **Teige** sind zäh, elastisch, dehn- und z. T. formbar. **Massen** sind in der Konsistenz schaumig, weich, cremig bis flüssig.
Vorbereitung	1. Betriebsmittel und Arbeitsgegenstände vollständig bereitstellen, Arbeitsplatz sinnvoll einrichten.
	2. Backformen vorbereiten:

Methoden

a) Einfetten mit dem Fettpinsel. Bei Springformen nur den Boden fetten.
b) Auslegen mit Pergamentpapier, geeignet für empfindliche Sand- und Biskuitmassen. Papier genau zurechtschneiden und einfetten.
c) Auslegen mit Backtrennpapier, dieses maßgerecht schneiden. Es kann mehrere Male verwendet werden.
d) Mit Paniermehl oder gemahlenen Nüssen ausstreuen.

3. **Zutaten** temperieren:
   - Für Rühr- und Sandmassen Fett auf Zimmertemperatur erwärmen.
   - Für Mürbe- und Blätterteig Fett kühlen.
   - Für Hefeteig Fett raumwarm temperieren, Milch auf ca. 37 °C erwärmen.
   - Eier vorher immer einzeln über einem Gefäß aufschlagen.
4. Mehl sieben (z. B. für Biskuitmassen), bei Verwendung von Instantmehl mehr Flüssigkeit zufügen.
5. Feinkörnigen Zucker verwenden.
6. **Einlagen** (einschließlich Füllungen) und **Auflagen** geben dem Gebäck typische Geschmacksrichtungen, Feuchtigkeit, appetitliches Aussehen und bieten Abwechslungsmöglichkeiten.

Besonderheiten

Rosinen (Korinthen, Sultaninen)
Auf einem Tuch oder Tablett verlesen, im Haarsieb gründlich waschen, auf einem Küchentuch gründlich trocknen, evtl. in Rum tränken, mit 1 bis 2 EL Mehl vermengen und erst zum Schluß unterheben.

Orangeat/Zitronat
In feine Würfel schneiden (Kantenlänge ca. 3 bis 5 mm), zusammen mit den Rosinen in einer Schüssel mit 1 bis 2 EL Mehl mischen.

Mandeln
Zunächst zum Abziehen 30 Min. in kalte Milch legen, dann abziehen. Weißen Mandelkern durch leichten Druck aus der Schale drükken. Vor dem Reiben in lauwarmem Backofen trocknen. (Für dunkle Teige nicht abziehen, sondern mit Küchenkrepp oder Tuch abreiben.)

Nüsse/Mandeln mahlen oder hacken
In der Mandelmühle mit der Hand oder in einem elektrisch betriebenen Gerät mahlen. Zum Hacken mit Zucker bestreuen und dann hacken. Die verwendete Zuckermenge später beim Rezept in Abzug bringen.

Schokolade
Vor dem Raspeln kühlen, evtl. tiefkühlen. Möglichst kein elektrisch betriebenes Gerät verwenden.

Frisches Obst
Waschen, nicht verwertbare Teile entfernen, zerkleinern, bei Bedarf mit Zitronensaft beträufeln und abdecken.
Konservenobst – Gründlich im Durchschlag abtropfen lassen.
Fettflöckchen
Fett kühlen, auf einem Brett in Scheiben, Streifen, Würfel schneiden, wieder kühlen oder sofort weiterverarbeiten.

7. Auf- und Einlagen je nach Rezept verwenden.
8. Bei den sogenannten B-Massen (Biskuit-, Brandmasse) E-Backofen vorheizen.
9. Neue Backöfen heizen sehr schnell auf. Deshalb kann bei anderen Teigarten auf ein Vorheizen verzichtet werden.
10. Je höher der Kuchen ist, desto weiter muß er nach unten eingeschoben werden, auch Käsekuchen.
11. Blechkuchen sind durchgebacken, wenn Ober- und Unterseite Farbe haben.
    Kuchen in Formen sind durchgebacken, wenn an einem Holzstäbchen, das in die Mitte gestochen wird, nichts mehr hängenbleibt.
12. Kuchen lösen, stürzen, auf einem Rost oder auf der Seite liegend auskühlen lassen.

Nacharbeit

13. Arbeitsplatz aufräumen, säubern. Betriebsmittel sauber und trocken wegräumen.

Einschubhöhe im Backofen Unter-/Oberhitze Gasherd

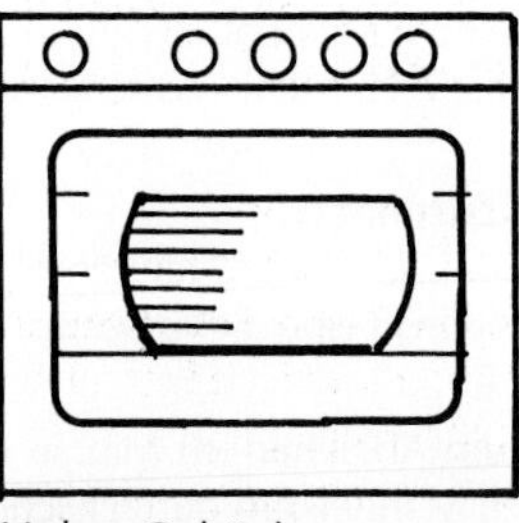
Hohes Gebäck

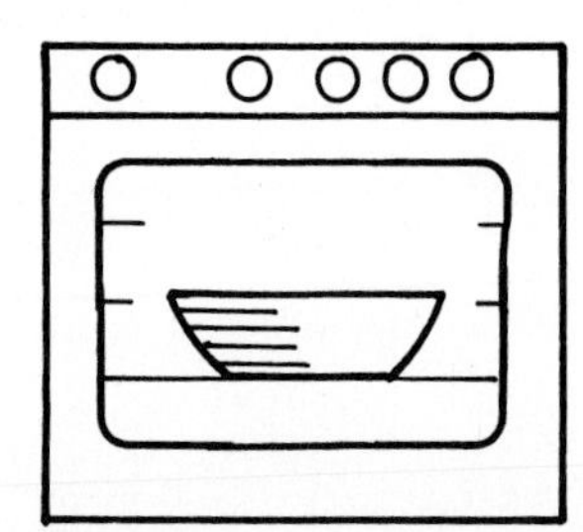
Aufläufe

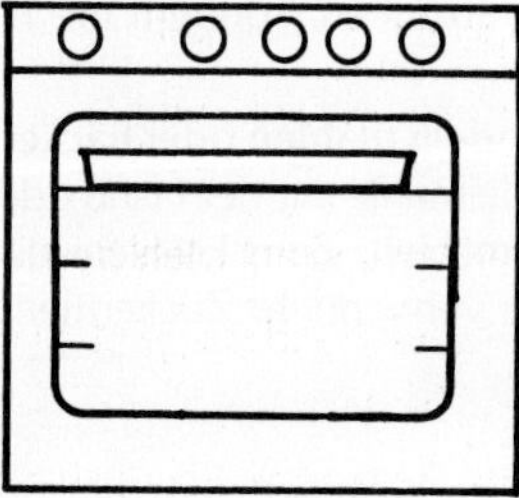
Überbacken

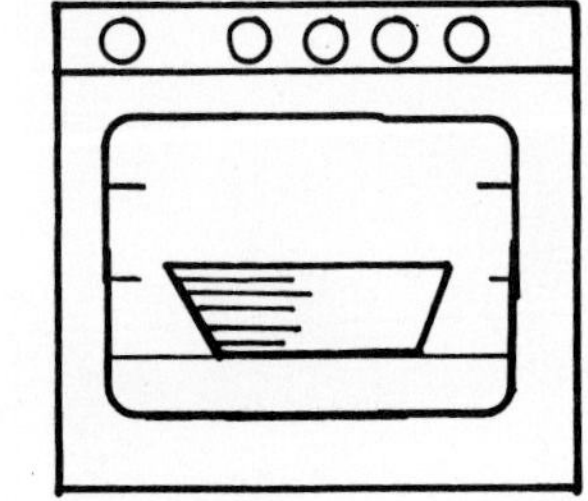
Kastenformen

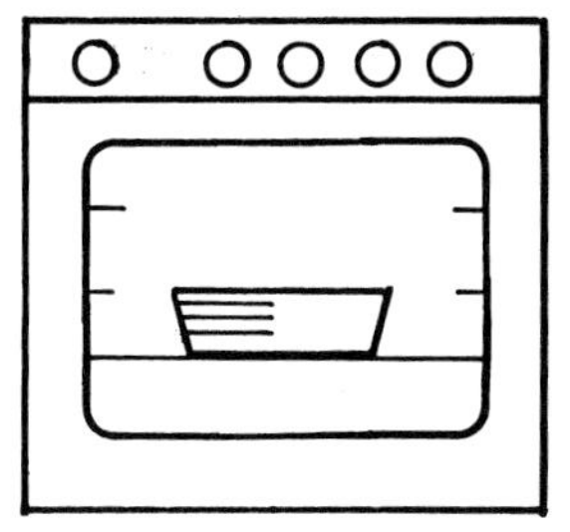
Spring- und Tortenformen

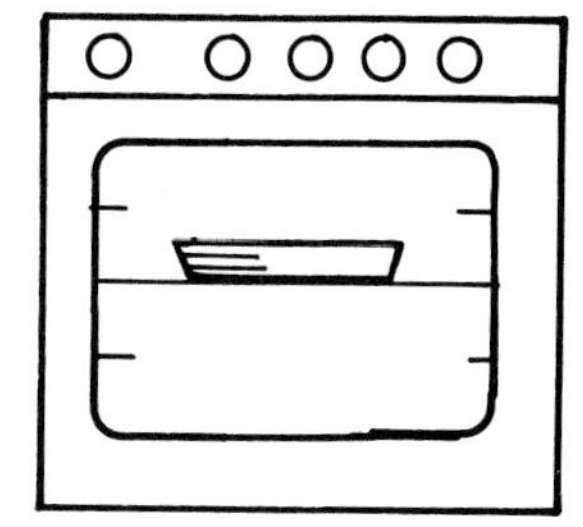
Kleingebäck, Törtchen und Tortenbodenformen

4.23 Aufgabe: Herstellung »Hefeteig«

Betriebsmittel: Arbeitsgeräte, Kuchenformen.

Arbeitsgegenstände: Abgemessene und vorbereitete Zutaten nach Rezept, auf Zimmertemperatur gebracht.

LERNABSCHNITT	ARBEITSABLAUF
Definition	Der Hefeteig ist ein weicher bis fester, durch den hohen Mehlanteil kleberreicher Teig. Er wird durch Hefe gelockert.
Anwendung	**Warm:** Aufläufe, Klöße, gefüllte Taschen, Pizzen usw. **Kalt:** (salzig) Brötchen, Zöpfe, Brot o. ä. **Kalt:** (süß) Blechkuchen mit Belägen, Napfkuchen, geformtes Gebäck (Kränze, Stollen, Zöpfe), gefülltes Kleingebäck. **Methoden:** a) Direkte Art: Ohne Vorteig. Alle Zutaten mit der Maschine mischen und kneten. Das Aufgehen erfolgt vor und evtl. nach der Weiterverarbeitung. Geeignet für leichtere Teige ohne wesentliche Fett- und Zuckeranteile. b) Indirekte Art: Mit Vorteig. Vorteig (Hefestück) ansetzen. Geeignet für schwere, fettreiche Teige.
Vorbereitung	1. Betriebsmittel und Arbeitsgegenstände vollständig bereitstellen, Arbeitsplatz sinnvoll einrichten. 2. Alle Zutaten eine Stunde vorher auf Zimmerwärme temperieren, abmessen. 3. Form leicht fetten und mit Mehl bestäuben. 4. Rührschüssel und Handrührgerät mit Knethaken oder Küchenmaschine bereitstellen. 5. Füllungen und Beläge gleich oder während des Aufgehens vorbereiten.

Durchführung

Direkte Führung (All-in-Methode)

6. Hefe auf dem Boden der Rührschüssel zerbröckeln und mit fast der ganzen Menge der lauwarmen Milch, besonders gut geeignet sind Buttermilch oder Joghurt, verrühren.

- Mehl auf das Hefe-/Flüssigkeitsgemisch geben
- Zucker hinzufügen, auch bei Salzgebäck (wenig!)
- Ei hinzufügen
- Fett (weich) hinzufügen (nicht unbedingt nötig)
- weitere Geschmackstoffe und Salz hinzufügen.

Zutaten schlagen

- Mit dem Knethaken anfangs auf kleinster Schaltstufe kräftig durchschlagen, formbare Teige zusätzlich mit der Hand kneten, bis sie weich, elastisch und »glänzend« sind.
- Weiche, fettarme Teige können nach dem Unterheben der Einlagen gleich in Formen oder auf Bleche gefüllt werden.

Teig aufgehen lassen

- festere Teige müssen zweimal aufgehen
- Teig an einen warmen Ort (z. B. auf einen Rost auf der unteren Einschubleiste des E-Herdes) stellen, Temperatur jedoch unter 50 °C halten, vor Zugluft schützen.
- Den Teig so lange gehen lassen, bis er etwa das Doppelte seines Volumens erreicht hat.

Teig weiterverarbeiten

- Den Teig nochmals durcharbeiten, dazu Hände und Unterlage bemehlen.
- Teig nach Rezept fertigstellen (formen usw.) und nochmals gehen lassen.

Hefeteig backen

- Nach dem Aufgehen sofort abbacken.

Indirekte Führung

Methoden

a) Zerbröckelte Hefe in einer großen Tasse mit der lauwarmen Milch, besonders gut geeignet sind Buttermilch oder Joghurt, glattrühren, 1 gestr. TL Zucker unterrühren, an einem warmen Ort (z. B. auf einem Rost auf der unteren Einschubleiste des E-Herdes) aufgehen lassen, in die Schüssel mit Mehl geben. Teig wie bei der direkten Führung beschrieben weiterverarbeiten.

b) Das abgemessene Mehl in eine Backschüssel sieben, in die Mitte eine Vertiefung eindrücken, Hefe in die Kuhle bröckeln, 1 TL Zucker und die Hälfte der lauwarmen Milch hinzufügen. Milch, Hefe, Zucker zu einem weichen Brei verrühren, an einem warmen Ort (z. B. auf einem Rost auf der unteren Einschubleiste des E-Herdes) aufgehen lassen. Hefe muß sichtbar gegangen sein. Teig wie bei der direkten Führung beschrieben weiterverarbeiten.

LERNABSCHNITT	ARBEITSABLAUF

Besonderheiten

- Hefeteige können vor dem Aufgehen portioniert **eingefroren** werden. Beim oder nach dem Auftauen muß dann der Gärprozeß stattfinden. Je nach Raumtemperatur dauert dieser 4 bis 6 Stunden.
- **Lockere Teige** für Kuchen in der Form, auf dem Blech oder in der Fettpfanne nach Rezept fertigstellen
- zum nochmaligen »Gehen« in den kalten Backofen auf die im Rezept angegebene Einschubleiste schieben
- Backofen 20 Min. auf 50 °C schalten
- danach sofort auf Backtemperatur umschalten, Backzeit beachten.
- **Festere Teige** für geformtes Gebäck wie Stollen, Kleingebäck, Kränze u. ä. etwa 30 Min. bei Raumtemperatur gehen lassen
- erst jetzt den sichtbar gegangenen Teig fertigstellen, formen
- 20 Minuten ruhen lassen
- dann auf die im Rezept angegebene Einschubleiste setzen
- nach dem Backen nicht im Backofen stehenlassen.

Nacharbeit

7. Arbeitsplatz aufräumen, säubern. Betriebsmittel sauber und trocken wegräumen.

4.24 Aufgabe: Herstellung »Knetteig«

Betriebsmittel: Arbeitsgeräte, Kuchenformen, Backblech nach Rezept.

Arbeitsgegenstände: Abgemessene und vorbereitete Zutaten nach Rezept (möglichst gekühlte Zutaten verwenden!).

LERNABSCHNITT	ARBEITSABLAUF

Definition

Der Knetteig ist ein fettreicher, kurz gekneteter Teig, der ein knuspriges bis sandiges Gebäck ergibt. Er kann bis zu 3 Wochen im Kühlschrank gelagert und dann bei Bedarf weiterverarbeitet werden.

Anwendung

- Süßer Knetteig: Obsttorten, Tortenböden, Kleingebäck u. ä.
- Salziger Knetteig: Gefüllte Taschen, Käsegebäck, Käsestangen u. ä.

Vorbereitung

1. Betriebsmittel und Arbeitsgegenstände vollständig bereitstellen.
   Fett: Gekühlte, relativ feste Margarinesorten oder Winterbutter verwenden, auch reines Schweineschmalz ist geeignet.
   Mehl: Möglichst kleberarmes Mehl, evtl. mit Backpulver vermischt, verwenden oder etwas Stärkemehl hinzufügen.
   Zucker: Je feinkörniger der Zucker, desto besser.
   Ei: Möglichst nur das Eigelb verwenden.
2. Arbeitsplatz sinnvoll einrichten.

Durchführung

Methoden

a) Backbrettmethode (von Hand):
- Zutaten auf einem Backbrett mit der Hand kurz verkneten.

b) Schüsselmethode (von Hand):
- Zutaten in einer großen, nicht zu hohen Schüssel manuell zusammenkneten.

c) Maschinenmethode:
- Zutaten maschinell mit den Knethaken kurz »zusammenballen«.

3. a) **Backbrettmethode**
   - Gekühlte Zutaten auf ein kaltes Backbrett häufen (hier empfiehlt sich ein Marmorbrett), zuerst Mehl und Backpulver
   - Zucker in die Mitte streuen
   - Geschmackszutaten daraufgeben und in die Mitte eine faustgroße Vertiefung eindrücken
   - Eier in die Vertiefung geben
   - Mit einer Gabel Zucker, Eier, Geschmackszutaten und etwas Mehl vom Rand zu einem dicken Brei verarbeiten
   - Darauf achten, daß keine Feuchtigkeit auf den Boden oder die Arbeitsfläche kommt
   - Den Brei mit Mehl bedecken, das kalte Fett in Flöckchen daraufgeben
   - Fett mit Mehl bedecken
   - Zutaten mit einem Pfannenmesser hacken
   - schnell mit dem Handballen durchdrücken und mit den Fingerspitzen zusammenschieben
   - Leicht bewegen, bis ein Teigkloß entstanden ist, der nicht mehr auf der Arbeitsfläche kleben bleibt.

   b) **Schüsselmethode**
   - Mehl und Backpulver, Zucker, Eier und Gewürze in die Schüssel geben
   - Das kalte Fett in die Zutaten drücken, bis ein Teigkloß entstanden ist, der sich vom Schüsselboden löst.

   c) **Maschinenmethode**
   Ähnlich der Schüsselmethode unter Verwendung einer Maschine mit Knethaken.

4. Den glatten geschmeidigen Teig flachdrücken, in Folie gewickelt ½ bis 1 Std. kaltstellen. Während dieser Zeit können evtl. Füllungen oder Beläge vorbereitet werden.

5. Wird der Teig für einen **Tortenboden** verwendet, ist er nur noch in die entsprechende Form zu drücken und kann dann abgebacken werden.

6. Grundregeln zur Herstellung von **Kleingebäck**

- Formen:
  - im Sitzen
  - gleichmäßig

LERNABSCHNITT	ARBEITSABLAUF

- Serienarbeit
- genaues und sauberes Garnieren

• Blech belegen:
  - von der Mitte nach außen
  - auf Lücke
  - gleichmäßiger Abstand, dazu Blech evtl. drehen

• Backen:
  - Backzeit genau einhalten
  - evtl. Blech drehen
  - sofort vom Blech lösen
  - ausdünsten lassen

• Aufbewahren:
  - nur gut gelungenes Gebäck
  - jede Gebäcksorte für sich
  - evtl. Pergamentpapier dazwischenlegen
  - festschließende Gefäße verwenden
  - beschriften: Inhalt, Datum

Nacharbeit

7. Arbeitsplatz aufräumen, säubern. Betriebsmittel sauber und trocken wegräumen.

4.25 Aufgabe: Herstellung »Quark-Ölteig«

Betriebsmittel: Arbeitsgeräte, Backblech vgl. Rezept.

Arbeitsgegenstände: Abgemessene und vorbereitete Zutaten nach Rezept.

LERNABSCHNITT	ARBEITSABLAUF

Definition

Quark-Ölteig ist ein sehr schnell zubereiteter Knetteig, der bei Zeitmangel den Hefeteig ersetzen kann, aber frisch verbraucht werden muß. Das fertige **Gebäck** hält sich lange frisch und ist sehr gut tiefkühlgeeignet.

Anwendung

Teig läßt sich süß oder salzig verarbeiten (Formen, Bleche, Kränze, Zöpfe, Kleingebäck, Pizzen, Pies).

Vorbereitung

1. Betriebsmittel und Arbeitsgegenstände vollständig bereitstellen, Arbeitsplatz sinnvoll einrichten.
2. Ein- und Auflagen zubereiten.
3. Backform oder Blech einfetten.

LERNABSCHNITT	ARBEITSABLAUF

Durchführung

4. **Methoden**
   a) Maschinenmethode: Mehl und die anderen Zutaten in eine Schüssel geben, ½ bis 1 Min. auf mittlerer Geräteeinstellung mit dem Knethaken kurz durchkneten.
   b) Backbrettmethode: Zutaten auf dem Backbrett durchhacken, mit der Hand ein- bis zweimal zu einem Ballen kneten und Teig sofort weiterverarbeiten.
5. Nach Rezept ausrollen, ausstechen, füllen oder belegen.
6. Gebäck sofort von der Form lösen, abkühlen lassen.

Nacharbeit

7. Arbeitsplatz aufräumen, säubern, Betriebsmittel sauber und trocken wegräumen.

4.26 Aufgabe: Herstellung »Nudel- und Strudelteig«

Betriebsmittel: Arbeitsgeräte, Backblech, Nudelgerät.

Arbeitsgegenstände: Abgemessene und vorbereitete Zutaten nach Rezept.

LERNABSCHNITT	ARBEITSABLAUF

Definition **Nudelteig**
Der Nudelteig ist ein Knetteig, der aus Mehl, Flüssigkeit, Salz und Ei hergestellt wird.

Anwendung Nudelteig wird nicht im Backofen gebacken, sondern an der Luft getrocknet, anschließend geschnitten oder mit einem Nudelgerät bearbeitet und in kochendem Salzwasser gegart, (al dente).

Definition **Strudelteig**
Der Strudelteig ist ein leicht fetthaltiger Knetteig, der aus Mehl, Flüssigkeit, Salz, einer geringen Menge an Fett, aber ohne Ei hergestellt wird.

Anwendung Strudelteig wird für Umhüllungen von Fisch-, Obst- und Quarkmassen verwendet sowie für zartes oder vorgegartes Gemüse. Er wird mit Füllungen gebacken.

Vorbereitung

1. Betriebsmittel und Arbeitsgegenstände vollständig bereitstellen.
2. Arbeitsplatz sinnvoll einrichten.

Durchführung

3. Teig herstellen.
   Methoden
   a) Backbrettmethode:
   - Zutaten auf ein Backbrett geben (vgl. Knetteig), Salz nicht vergessen

- Flüssigkeit lauwarm verwenden
- Flüssigkeit mit Mehl binden und alles hacken. Ist der Teig zu trocken, etwas Öl hinzugeben.
- Zutaten zu einem Kloß verkneten, 10 Min. weiterkneten, schlagen und werfen, bis er elastisch, glatt und leicht glänzend ist.
- Leicht geölten Teigkloß in einer vorgewärmten Schüssel ca. ½ Std. ruhen lassen oder in eine Plastiktüte legen und an einem warmen Ort ruhen lassen.

b) Maschinenmethode:
- Alle Zutaten mit dem Knethaken einer Maschine so lange kneten, bis er elastisch, glatt und leicht glänzend ist und sich vom Schüsselrand löst.
- Teig ruhen lassen (s. v.).

4. **Strudelteig:** Teig dünnen
   Ausrollen und Ausziehen:
   – Teig nach allen Seiten hin auf einem sauberen, leicht bemehlten Geschirrtuch mit der Hand von innen nach außen drücken, dünn ausrollen, bis das Muster des Geschirrtuches sichtbar wird. In eine gleichmäßige rechteckige Form (Länge des Backbleches) ziehen. Besonders auf dünne Ränder achten.
5. Ganz vorsichtig mit zerlassenem Fett (Butter oder Margarine) betupfen.
6. Teig füllen:
   - Füllung so verteilen, daß der obere Rand und die beiden Seiten 2 cm freibleiben.
   - Vor dem Aufrollen die beiden Seitenteile nach innen einschlagen.
7. Aufrollen:
   - Teig mit dem Geschirrtuch vom Körper weg aufrollen, dabei das Tuch leicht nach vorne ziehen und auf das vorbereitete, gefettete Backblech gleiten lassen. Darauf achten, daß die Nahtstelle unten liegt.
8. Teigrolle mit Milch oder verquirltem Eigelb oder flüssiger Margarine bzw. Butter bestreichen und in den vorgeheizten Backofen schieben.

Nacharbeit

9. Arbeitsplatz aufräumen, säubern. Betriebsmittel sauber und trocken wegräumen.

4.27 Aufgabe: Herstellung »Quarkblätterteig«

Betriebsmittel: Arbeitsgeräte, Backblech u. a. (s. Rezept)

Arbeitsgegenstände: Abgemessene und vorbereitete Zutaten (s. Rezept)

LERNABSCHNITT	ARBEITSABLAUF
Definition	Bei dieser Blätterteigabwandlung handelt es sich um einen überfetten Knetteig. Für Bindung und Feuchtigkeit sorgt Quark. Die Säure unterstützt die Festigkeit des Klebers.
Anwendung	Quarkblätterteig ist für alle Gebäckarten (süße und salzige) geeignet, bei denen es nicht auf ein gleichmäßiges Hochgehen ankommt (Taschen, Fleurons, Decken, Käsestangen, Kleingebäck). Für Pasteten ist er ungeeignet. Quarkblätterteig immer in größeren Mengen herstellen, er läßt sich portioniert gut einfrieren.
Vorbereitung	1. Betriebsmittel und Arbeitsgegenstände vollständig bereitstellen.
	2. Arbeitsplatz sinnvoll einrichten
	3. Backblech kalt abspülen
Durchführung	4. Alle Zutaten in eine Schüssel geben.
	5. Mit dem Knethaken des Handrührgerätes zu einem Teig verarbeiten.
	6. Kneten, bis der Teig ganz glatt ist.
	7. kalt stellen
	8. Teig etwas ausrollen
	9. von beiden Seiten einschlagen
	10. kalt stellen
	11. Vorgang 8. – 10. zwei- bis dreimal wiederholen
	12. weiterverarbeiten und formen
	13. Blätterteigreste dürfen nicht mehr geknetet werden.
	14. Teigstücke (evtl. gefüllt) umgedreht auf ein mit Wasser benetztes Blech legen.
	15. Teigoberfläche mit verquirltem Eigelb bestreichen, Eigelb darf nicht über den Rand gestrichen werden.
	16. Teig abbacken
	17. Teig nach dem Backen sofort vom Blech lösen.
	18. Teigstücke evtl. mit Guß überziehen.
Nacharbeit	19. Arbeitsplatz aufräumen, säubern.
	20. Betriebsmittel sauber und trocken wegräumen.

4.28 Aufgabe: Herstellung »Rühr- und Sandmassen«

Betriebsmittel: Arbeitsgeräte, Backform (s. Rezept).

Arbeitsgegenstände: Abgemessene und vorbereitete Zutaten (s. Rezept).

LERNABSCHNITT	ARBEITSABLAUF
Definition	Rühr- und Sandmassen sind fett-, zucker- und eireiche Massen, die durch intensiv eingerührte Luft, durch Backpulver oder Alkohol gelockert und sofort abgebacken werden.
Anwendung	Rühr- und Sandmassen sind geeignet für: – Kasten- und Napfkuchen – Blechkuchen – Tortenformen – Kleingebäck (Spritzgebäck, Amerikaner u. ä.)
Vorbereitung	1. Betriebsmittel und Arbeitsgegenstände vollständig bereitstellen. 2. Arbeitsplatz sinnvoll einrichten. 3. Fett auf Zimmertemperatur bringen. 4. Backformen bzw. -bleche einfetten, evtl. mit Semmelmehl oder gemahlenen Nüssen ausbröseln oder mit Pergamentpapier bzw. Backtrennpapier auslegen. 5. Eier aufschlagen. 6. Backpulver mit einem Teil des Mehles oder mit Stärke mischen und durchsieben. 7. Nüsse oder Schokolade zerkleinern, Rosinen waschen, trocknen, in Mehl wälzen. 8. Handrührgerät oder Küchenmaschine betriebsfertig machen (Rührbesen verwenden).
Durchführung	9. **Methoden** a) Manuelles Herstellen: • Weiches Fett und Zucker schaumig rühren, bis der Zucker gelöst ist. • Eier abwechselnd mit etwas Mehl nacheinander in das Fett-/Zuckergemisch einrühren. • Restliches Mehl mit dem Backpulver abwechselnd mit der Flüssigkeit einrühren. • Teig muß »schwerreißend« vom Löffel fallen, sonst noch Flüssigkeit hinzugeben. • Restliche Zutaten bis zur gleichmäßigen Verteilung kurz unterrühren. • Teig sofort in die Form füllen, glattstreichen und backen. Napfkuchenform: Nur zu ⅔ vollfüllen

Springform: In die Mitte etwas weniger Teig geben
Kastenform: In die Mitte mehr Teig einfüllen
- In den Backofen stellen, und zwar beim Herd mit Unter- und Oberhitze sowie beim Gasherd untere Schiene für:
  Hohes Gebäck, Kastenformen, Springformen, Kranzformen
  mittlere Schiene für:
  Kleingebäck, Törtchen, Tortenbodenformen

b) Maschinelles Herstellen (Handrührgerät):
- Fett, Zucker, Eier und die Hälfte des Mehlgemisches in eine Rührschüssel geben.
- Mit dem Rührbesen gut verrühren.
- Restliches Mehlgemisch unterrühren.
- Teig muß »schwerreißend« vom Löffel fallen, sonst noch Flüssigkeit dazugeben.
- Restliche Zutaten bis zur gleichmäßigen Verteilung kurz unterrühren.
- Teig sofort in die Form füllen, glattstreichen und backen.
- Weitere Schritte unter a).

c) Maschinelles Herstellen (Küchenmaschine): »All in«-Methode
- Alle Zutaten in dieser Reihenfolge in die Rührschüssel geben:
  - Mehl/Backpulvergemisch
  - Zucker
  - Fett
  - Eier
  - Milch
- Anfangs auf kleinster Schaltstufe rühren.
- Aufschlagen, bis der Teig »schwerreißend« vom Löffel fällt, sonst noch Flüssigkeit dazugeben.
- Restliche Zutaten bis zur gleichmäßigen Verteilung kurz unterrühren.
- Teig sofort in die Form füllen, glattstreichen und backen.
- Weitere Schritte unter a).

10. Öffnen des Ofens oder Bewegen der Form bis zu 45 Minuten nach Backbeginn vermeiden.
11. Mitgebackenen Obstbelag erst nach dem Backen zuckern.
12. Garprobe machen (mit einem Holzspieß in die Mitte des Gebäcks stechen. Klebt noch Teig am Spieß, ist das Gebäck noch nicht gar).
13. Kuchen in der Form 10 Minuten abkühlen lassen, dann auf Kuchengitter auf der Seite liegend auskühlen lassen.
14. Blechkuchen sofort vom Blech lösen, auf einem Rost auskühlen lassen.
15. Gebäck garnieren, entweder warm mit Puderzucker bestreuen bzw. glasieren oder kalt mit Guß bzw. Kuvertüre überziehen.

LERNABSCHNITT	ARBEITSABLAUF
	15. Gebäck garnieren, entweder warm mit Puderzucker bestreuen bzw. glasieren oder kalt mit Guß bzw. Kuvertüre überziehen.
Nacharbeit	16. Arbeitsplatz aufräumen, säubern.
	17. Betriebsmittel sauber und trocken wegräumen.

4.29 Aufgabe: Herstellung »Biskuitmasse«

Betriebsmittel: Arbeitsgeräte, Backform und -blech (s. Rezept).

Arbeitsgegenstände: Abgemessene und vorbereitete Zutaten (s. Rezept).

LERNABSCHNITT	ARBEITSABLAUF
Definition	Die Biskuitmasse ist eine eierreiche, luftgelockerte Masse, die fast immer ohne Fett hergestellt wird (Ausnahme: Wiener Masse).
Anwendung	Biskuitmassen werden verwendet für: – Kleingebäck – Tortenböden – Rollen – Omelette – Soufflés
Vorbereitung	1. Betriebsmittel und Arbeitsgegenstände vollständig bereitstellen. 2. Arbeitsplatz sinnvoll einrichten. 3. Formen bzw. Bleche vorbereiten. – Springform: • Springformring vom Boden lösen • Pergamentpapier anfeuchten, über den Boden legen oder Backtrennpapier verwenden • Springform wieder zusammensetzen, Papier dabei faltenfrei spannen • Papier am Außenrand abschneiden • Pergamentpapier fetten, nicht den Springformrand – Kasten- und Napfkuchenformen: • die Form ganz ausfetten und mit Mehl bestäuben • oder mit angefeuchtetem Pergamentpapier auslegen und dieses gründlich einfetten oder Backtrennpapier verwenden. – Kuchenblech: • mit angefeuchtetem Pergamentpapier auslegen und dieses gründlich einfetten oder Backtrennpapier verwenden.

4. Zucker und Vanillezucker mischen.
5. Mehl mit Stärkemehl und Backpulver gründlich durchmischen, sieben.
6. Backofen unbedingt vorheizen.

Durchführung

7. **Methoden**

a) **mit getrennten Eiern:**
- Eiklar und Eigelb trennen
- Eiklar maschinell unter Zugabe von etwas Salz zu festem Schnee aufschlagen, dabei nach und nach die Hälfte des Zuckers einrieseln lassen.
- Eigelb in einer zweiten Schüssel mit Handrührgerät aufschlagen, etwas kochendes Wasser hinzufügen, cremig schlagen und dabei die andere Hälfte des Zuckers unterschlagen.
- Eischnee auf die Eigelbmasse geben
- Mehl/Stärkegemisch darübersieben und andere Zutaten (s. Rezept) dazugeben
- Mit dem Schneebesen oder dem ausgeschalteten Handrührgerät alle Zutaten vorsichtig unterheben. Nicht rühren, zügig arbeiten.
- Masse in die vorbereitete Form bzw. auf das Blech gießen und die Oberfläche mit einem Teigschaber glattstreichen.
- Sofort abbacken
- Ofentür nicht öffnen
- Die Masse ist gar, wenn an einem eingestochenen Holzspieß nichts mehr kleben bleibt bzw. wenn die Oberfläche bei leichtem Andrücken nachfedert.
- Wird die Masse an der Oberfläche zu schnell dunkel, Pergamentpapier darüberlegen.
- Gebäck nach 15 Minuten Abkühlzeit lösen, stürzen
- Papier entfernen, evtl. einfeuchten
- Gründlich auskühlen lassen.

b) **Blitzbiskuit:**
- Eier trennen
- Eiklar steifschlagen
- Zucker dabei nach und nach einrieseln lassen
- Eigelb auf niedriger Schaltstufe unterrühren
- Mehl/Stärkegemisch darübersieben und andere Zutaten (s. Rezept) dazugeben
- Mit dem Schneebesen oder dem ausgeschalteten Handrührgerät alle Zutaten vorsichtig unterheben, nicht rühren, zügig arbeiten.
- Weitere Schritte unter a).

c) **Mit ganzen Eiern:**
- Eiklar und Eigelb aufschlagen

- Zucker nach und nach dazugeben
- Mehl/Stärkegemisch darübersieben und andere Zutaten (s. Rezept) dazugeben
- weitere Schritte unter a).

d) **Im Wasserbad** (Wiener Masse):
- Eier und Zucker in einer hitzebeständigen Schüssel schaumig schlagen.
- Schüssel in Wasserbad stellen
- Masse unter Zugabe von heißem Fett so lange weiterschlagen, bis mit dem Schneebesen ein Muster entsteht.
- Masse aus dem Wasserbad nehmen, so lange schlagen, bis sie abgekühlt ist.
- Mehl/Stärkegemisch darübersieben und andere Zutaten (s. Rezept) dazugeben
- Weitere Schritte unter a).

8. Fertiges Gebäck weiterverarbeiten zu:

– **Torten**
Boden am folgenden Tag zweimal durchschneiden, und zwar:
- Mit einem spitzen Messer eine Markierung am Tortenrand schneiden, dabei die Torte drehen.
- Einen genügend langen, reißfesten Faden in die Markierung legen, die Enden über Kreuz legen und zusammenziehen.
- Vorgang wiederholen
- Die Platten mit einem »Tortenretter« oder mit einem Bogen Pergamentpapier abheben.
- Zuerst den unteren Boden mit Füllung bestreichen.
- Die obere Tortenplatte genau an der Kante des unteren Bodens aufsetzen und vorsichtig gleiten lassen.
- Obere Tortenplatte und Rand mit Füllung bestreichen.
- Torte verzieren.

– **Biskuitrollen**
- Biskuitmasse auf das vorbereitete Blech geben, mit dem Teigschaber glattstreichen.
- Am offenen Ende auslaufen lassen, so daß kein hoher Rand entsteht.
- Sofort abbacken.
- Geschirrtuch in der Größe des Bleches gleichmäßig mit Zucker bestreuen.
- Gebäckrand mit einer Messerspitze vom Blech lösen und sofort auf das Tuch stürzen.
- Papier zügig abziehen, evtl. kaltes Tuch auflegen oder das Papier mit kaltem Wasser bestreichen.
- **Entweder** mit **Konfitüre** dünn bestreichen
- Gebäckrolle von der schmalen Seite her durch Anheben des Tuches aufrollen, mit Puderzucker bestäuben.
- Schräg anschneiden.

LERNABSCHNITT	ARBEITSABLAUF

- **oder** für eine **Cremefüllung:**
  Gebäckrolle von der schmalen Seite her mit dem Tuch aufrollen.
- abkühlen lassen
- entrollen
- mit Sahne oder Buttercreme bestreichen
- durch Anheben des Tuches wieder aufrollen
- mit Füllung bestreichen
- verzieren
- schräg anschneiden.

– **Biskuitschnitten**
  - Biskuitmasse auf dem vorbereiteten Blech abbacken.
  - Auf ein Kuchengitter stürzen, Papier sofort abziehen, evtl. anfeuchten.
  - In 4 längliche Streifen schneiden, abkühlen lassen.
  - 2 Streifen mit Füllung bestreichen.
  - Die beiden anderen daraufsetzen.
  - Ränder und Oberseite mit Füllung bestreichen.
  - verzieren
  - In gleichmäßig große Stücke schneiden, anrichten.

Nacharbeit

9. Arbeitsplatz aufräumen, säubern.
10. Betriebsmittel sauber und trocken wegräumen.

4.30 Aufgabe: Herstellung »Brandmasse«

Betriebsmittel: Arbeitsgeräte, Backformen, Bleche, evtl. Friteuse und Kochtopf (s. Rezept).

Arbeitsgegenstände: Abgemessene und vorbereitete Zutaten (s. Rezept).

LERNABSCHNITT	ARBEITSABLAUF

Definition Brandmasse ist eine wasser- und eierreiche Masse, die ohne Zucker hergestellt wird. Charakteristisch ist das Abbrennen der Zutaten im Kochtopf zu einem Kloß, der auf verschiedene Art weiterverwendet werden kann.

Anwendung

- Windbeutel
- Eclairs
- Brezeln
- Tortenböden
- Schwemmklöße
- Spritzgebäck

Vorbereitung

1. Betriebsmittel und Arbeitsgegenstände vollständig bereitstellen.
2. Arbeitsplatz sinnvoll einrichten.
3. Backblech kurz vor dem Backen vollständig vorbereiten. Jetzt nur leicht fetten, später bemehlen.
4. Backofen vorheizen. Evtl. Friteuse für Spritzgebäck vorbereiten.

Durchführung

5. Wasser, Fett, Salz in geschlossenem Topf zum Kochen bringen, von der Kochstelle nehmen.
6. Mehl auf einmal in die kochende Flüssigkeit schütten und sehr gut rühren. Zuerst ohne, dann mit Wärmezufuhr.
7. Abbrennen, bis sich ein Kloß gebildet hat, der sich vom Topfboden löst.
8. Der Kloß ist fertig, wenn sich auf dem Topfboden ein weißer Belag gebildet hat.
9. Brandmasse in einer Rührschüssel etwas abkühlen lassen.
10. Das erste verschlagene Ei mit dem Handrührgerät (Knethaken) unterrühren, bis wieder ein einheitlicher Kloß entstanden ist.
11. Die restlichen Eier nach und nach unterrühren.
12. Masse solange abschlagen, bis sie glatt und glänzend ist und beim Herausziehen der Knethaken Spitzen stehenbleiben. Evtl. Anzahl der Eier variieren.
13. Abkühlen lassen (20 bis 30 Minuten).
14. Backpulver an kalte Masse geben, kräftig durchkneten.
15. **Gebäck:** Windbeutel, Eclairs, Brezeln u. a.:
    Blech bemehlen
    - Gebäck formen:

    Methoden
    a) Mit 2 Löffeln Häufchen auf das Blech setzen (Windbeutel) oder
    b) Spritzen

a) Windbeutel

b) Eclairs

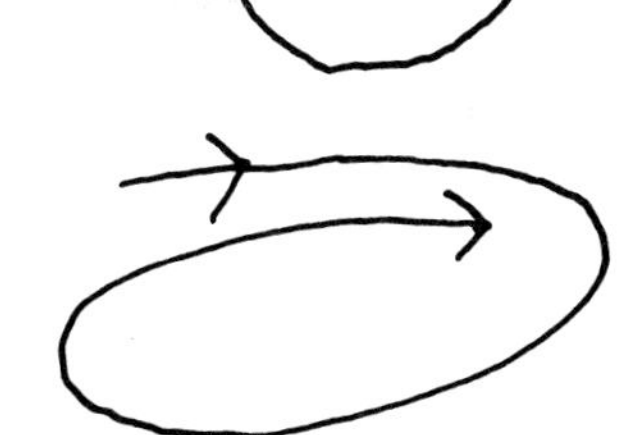

c) Brezeln

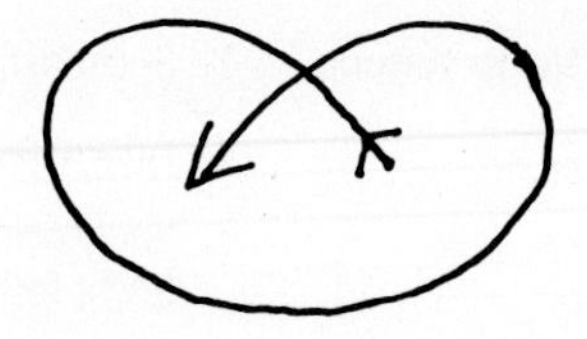

- Backen
  Backzeit beträgt 20 bis 40 Minuten. Auf keinen Fall in der ersten Hälfte der Backzeit den Ofen öffnen, gut braun backen. Gebäck muß trocken und fest sein.
- Gebäck nach dem Backen sofort vom Blech schieben und zum Aufschneiden aufreihen.
- Gebäck mit Sägemesser oder Schere aufschneiden, auskühlen lassen.
- Untere Gebäckhälfte füllen:
  a) Windbeutel: Geschlagene Sahne und Früchte
  b) Eclairs: Vanilleflammeri
  c) Brezeln: Geschlagene Sahne
- obere Gebäckhälfte aufsetzen
- Gebäck verzieren, z. B. mit Puderzucker (Windbeutel, Brezeln) oder Schokoladenguß (Eclairs)
- möglichst bald servieren.

16. **Spritzgebäck**
- 1 bis 2 kg Fritierfett erhitzen
- Pergamentstreifen ins heiße Fett tauchen
- Kreise daraufspritzen
- ins Fett gleiten lassen
- von beiden Seiten fritieren
- mit Zitronenguß bestreichen
- möglichst bald servieren.

17. **Torten**
- Zwei Springformböden vorbereiten
- Mit 2 kleinen Löffeln oder Spritzbeutel den Teig gleichmäßig verteilt auf beide Springformböden in kleinen Tupfern aufbringen.
- Die hellgelb gebackenen Böden vom Blech lösen, auf Kuchengitter auskühlen lassen.
- Die untere Tortenhälfte mit der vorbereiteten Creme bestreichen.
- Zweiten Boden auflegen, mit Puderzucker besieben und bis zum baldigen Servieren im Kühlschrank aufbewahren.

18. **Schwemmklößchen**
- Mit einem in Wasser getauchten Teelöffel kleine Klößchen von der abgebrannten Masse abstechen, evtl. mit einem zweiten Löffel nachformen.
- Die Klößchen müssen etwa 10 Minuten ohne Stromzufuhr in der leicht kochenden Suppe garziehen.

LERNABSCHNITT	ARBEITSABLAUF
Nacharbeit	19. Arbeitsplatz aufräumen, säubern.
	20. Betriebsmittel sauber und trocken wegräumen.

4.31 Aufgabe: Herstellung »Baisermasse«

Betriebsmittel: Arbeitsgeräte, Backblech, evtl. Springform, Pergamentpapier oder Backtrennpapier oder Oblaten.

Arbeitsgegenstände: Abgemessene und vorbereitete Zutaten (s. Rezept).

LERNABSCHNITT	ARBEITSABLAUF
Definition	Baisermasse ist eine Schaummasse, die aus geschlagenem Eiklar und sehr feinem Zucker besteht.
Anwendung	– Baisers – Törtchen – Tupfer zum Verzieren – gespritzte Buchstaben oder Zahlen – Tortenhauben u. ä.
Vorbereitung	1. Betriebsmittel und Arbeitsgegenstände vollständig bereitstellen.
	2. Arbeitsplatz sinnvoll einrichten.
	3. Blech mit Pergamentpapier (evtl. anfeuchten) oder Backtrennpapier auslegen oder Oblaten verwenden, rauhe Seite nach oben.
Durchführung	4. Eigelb und Eiklar sauber trennen.
	5. Eiklar aufschlagen (Handrührgerät), dabei nach und nach ⅔ des Zuckers unterschlagen und weiterschlagen.
	6. Anschließend den Rest des Zuckers zugeben.
	7. Tropfenweise Zitronensaft hinzufügen, durchschlagen, bis sich Spitzen bilden und die Masse leicht glänzt.
	8. Evtl. geschmackgebende Zutaten dazugeben.
	9. Masse formen: a) mit 2 Löffeln oder b) mit dem Spritzbeutel
	10. Masse backen: Bei ca. 100 bis 110 Grad Celsius im vorgeheizten Backofen 2 bis 6 Std. trocknen lassen.
	11. Das Gebäck ist fertig, wenn es sich leicht vom Trennpapier löst.

12. Gebäck sofort vom Blech nehmen. Bei Verwendung von Pergamentpapier empfiehlt es sich, etwas Wasser zwischen Papier und Blech zu gießen. Bei Verwendung von Oblaten überstehende Teile nach dem Backen abbrechen.

13. Füllungen (Baisers, Törtchen) erst kurz vor dem Anrichten spritzen, kaltstellen.

Nacharbeit

14. Arbeitsplatz aufräumen, säubern.

15. Betriebsmittel sauber und trocken wegräumen.

4.32 Aufgabe: Herstellung »Makronenmasse«

Betriebsmittel: Arbeitsgeräte, Backblech, Oblaten (s. Rezept).

Arbeitsgegenstände: Abgemessene und vorbereitete Zutaten (s. Rezept).

Definition

Makronenmasse ist eine Schaummasse aus Eiweiß und Zucker, die mit unterschiedlichen Bindemitteln (z. B. Mandeln, Nüsse, Haferflocken) hergestellt wird.

Anwendung

- Makronen
- Zimtsterne
- Elisen-Lebkuchen
- Zitronenbrot

Vorbereitung

1. Betriebsmittel und Arbeitsgegenstände vollständig bereitstellen.

2. Arbeitsplatz sinnvoll einrichten.

3. Backblech mit Oblaten (rauhe Seite nach oben) belegen.

Durchführung

4. Eigelb und Eiklar sauber trennen.

5. Eiklar aufschlagen (Handrührgerät), dabei nach und nach ⅔ des Zuckers unterschlagen und weiterschlagen. Anschließend den Rest des Zuckers zugeben.

6. Tropfenweise Zitronensaft hinzufügen, aufschlagen, bis sich Spitzen bilden und die Masse leicht glänzt.

7. Bindemittel dazugeben, wie z. B. für:
   - Kokosmakronen pro Eiklar 80 g Kokosraspeln
   - Nußmakronen pro Eiklar 80 g ger. Nüsse
   - Schokoladenmakronen pro Eiklar 80 g ger. Schokolade
   - Gewürzmakronen pro Eiklar je 20 g Zitronat und Orangeat und 1 Messerspitze Zimt.

LERNABSCHNITT	ARBEITSABLAUF

8. Masse formen:
   Mit 2 Teelöffeln kleine Häufchen auf die rauhe Seite der Oblaten setzen.
9. Masse backen:
   Bei ca. 100 bis 110 Grad Celsius im vorgeheizten Backofen 2 bis 6 Std. trocknen lassen.
10. Garprobe: Makronen sind gar, wenn sie außen knusprig sind, dabei aber einen kleinen, weichen Kern behalten.
11. Fertiges Gebäck sofort vom Blech lösen, überstehende Oblaten abbrechen.
12. Nach dem Auskühlen in dichter Gebäckdose aufbewahren.

Nacharbeit

13. Arbeitsplatz aufräumen, säubern.
14. Betriebsmittel sauber und trocken wegräumen.

4.33 Aufgabe: Herstellung »Honigkuchenteig«

Betriebsmittel: Arbeitsgeräte, Backblech, Fettpfanne und Formen.

Arbeitsgegenstände: Abgemessene und vorbereitete Zutaten (s. Rezept).

LERNABSCHNITT	ARBEITSABLAUF

Definition

Honig- oder Sirupteig ist ein typisches Weihnachtsgebäck. Er enthält wenig Fett, wenig oder gar keine Eier, dafür eine Vielfalt anderer Zutaten, die ihm den typischen Geschmack verleihen. Treib- und Lockerungsmittel sind:
a) Pottasche für flaches Gebäck
b) Hirschhornsalz
c) Backpulver

Anwendung

- Honigkuchen
- Liegnitzer Bomben
- Aachener Printen
- Baseler Leckerli u. a.

Vorbereitung

1. Betriebsmittel und Arbeitsgegenstände vollständig bereitstellen.
2. Arbeitsplatz sinnvoll einrichten.
3. Blech, Fettpfanne oder Formen sorgfältig ausfetten und mit Mehl bestäuben.

Durchführung

4. Honig (Sirup), Zucker und evtl. Fett langsam erwärmen. Nicht kochen, dann kaltstellen.
5. Mehl, alle gemahlenen Gewürze und die übrigen Zutaten in einer Rührschüssel mischen.
6. Treibmittel hineingeben:
   - Pottasche oder Hirschhornsalz in 1 bis 2 EL Wasser auflösen und durch ein Sieb in die Schüssel geben.
   - Backpulver mit einem Teil des Mehls vermengen und dazugeben.
7. Eine Vertiefung in die Mitte drücken.
8. Die abgekühlte Honig- oder Sirupmasse in die Vertiefung geben.
9. Von der Mitte her verrühren.
10. Mit dem Knethaken eines Handrührgerätes oder einer Küchenmaschine oder mit einem Teiglöffel alle Zutaten zu einem glatten Teig verarbeiten.
11. Teig mit **Hirschhornsalz** bzw. **Pottasche** einige Tage bzw. Wochen ruhen lassen.
12. **Backpulverteige** müssen sofort abgebacken werden.
13. **Blechkuchen:**
    - Den Teig auf das vorbereitete Blech geben und mit einer nassen Teigkarte oder einem Teigspachtel glattstreichen.
    - mit einem Dosenmilch/Wassergemisch bepinseln
    - Mandelhälften auflegen
    - nicht zu heiß backen
    - Garprobe: Beim Prüfen durch leichtes Aufdrücken mit den Fingerspitzen soll er sich noch weich anfassen.
    - Noch heiß mit Lineal und einem gut schneidenden Messer schneiden.
    - Den gebackenen Honigkuchen vorsichtig vom Blech nehmen, auskühlen lassen.
14. Honigkuchen muß kühl und feucht aufbewahrt werden, am besten in einem Steintopf.

Nacharbeit

15. Arbeitsplatz aufräumen, säubern.
16. Betriebsmittel sauber und trocken wegräumen.

4.34 Vorratshaltung

4.34.1 Zuckertabelle zum Einkochen

Fruchtart	Früchte mit Zuckerlösung in Gläsern und Dosen	Früchte mit Streuzucker in Gläsern und Dosen	Sirup	Fruchtsäfte Süßmost aus Dampfentsafter
	auf 1 l Wasser g	auf 1 kg Früchte g	auf 1 l Saft g	auf 1 kg Obst g
Beerenobst				
Brombeeren	500 – 600	200 – 350	500 – 1200	100 – 250
Erdbeeren	400 – 600	150 – 250	500 – 1200	200 – 300
Heidelbeeren	400 – 500	250 – 350	400 – 1000	100 – 175
Himbeeren	500 – 600	150 – 200	400 – 1000	150 – 200
Holunderbeeren	–	–	300 – 750	100 – 200
Johannisbeeren rot	750	500 – 750	600 – 1000	200 – 250
Johannisbeeren weiß	600	300 – 500	500 – 1000	100 – 250
Johannisbeeren schwarz	500 – 600	300 – 400	400 – 750	100 – 200
Preiselbeeren	600 – 750	–	–	200 – 250
Stachelbeeren unreif	500 – 750	–	–	–
Stachelbeeren reif	–	400 – 500	–	150 – 200
Steinobst				
Aprikosen	200 – 400	–	–	–
Kirschen, süß	200 – 300	100 – 200	–	–
Kirschen, sauer	300 – 500	250 – 350	300 – 1200	150 – 250
Mirabellen	250 – 400	–	–	–
Pfirsiche	250 – 500	–	–	100 – 200
Pflaumen	500 – 600	350 – 500	–	–
Reineclauden	400 – 500	–	–	–
Zwetschgen	400 – 600	300 – 500	–	150 – 200
Kernobst				
Äpfel	250 – 350	–	300 – 600	100 – 200
Apfelmus	–	100 – 250	–	–
Birnen	250 – 500	–	–	50 – 100
Quitten	500 – 600	–	400 – 650	100 – 250
Sonstige Früchte oder Fruchtgemüse				
Berberitzen	–	–	600 – 1200	100 – 300
Hagebutten	–	–	500 – 1200	100 – 250
Kürbis	–	–	–	–
Orangen	–	–	–	–
Rhabarber	500 – 750	250 – 300	500 – 1200	150 – 250
Schlehen	–	–	500 – 1200	200 – 300
Zitronen	–	–	–	–

Quelle: Elisabeth Meyer-Haagen, „Das elektrische Kochen", 46. Auflage, S. 520 – 521

4.34.1 Zuckertabelle zum Einkochen

Fruchtart	Gelee	Konfitüre aus Fruchtbrei	Konfitüre aus ganz. Früchten	Mus
	auf 1 l Saft g	auf 1 kg g	auf 1 kg g	auf 1 kg g
Beerenobst				
Brombeeren	900 – 1000	600 – 750	750 – 1000	–
Erdbeeren	–	600 – 750	1000	–
Heidelbeeren	–	–	–	–
Himbeeren	1000	600 – 750	1000	–
Holunderbeeren	1000	600 – 750	–	ohne
Johannisbeeren rot	900 – 1000	500	900	–
Johannisbeeren weiß	–	–	–	–
Johannisbeeren schwarz	500	400	–	–
Preiselbeeren	900 – 1000	500	–	–
Stachelbeeren unreif	–	–	–	–
Stachelbeeren reif	900 – 1000	600 – 750	750 – 1000	–
Steinobst				
Aprikosen	–	600 – 750	1000	–
Kirschen, süß	–	–	–	–
Kirschen, sauer	–	600 – 750	750 – 1000	–
Mirabellen	–	600 – 750	750 – 1000	–
Pfirsiche	–	–	750 – 1000	–
Pflaumen	–	500 – 600	–	–
Reineclauden	–	500 – 600	750 – 1000	–
Zwetschgen	–	500 – 600	–	50 – 75
Kernobst				
Äpfel	1000	–	–	–
Apfelmus	–	500 – 600	–	50 – 75
Birnen	–	–	–	ohne
Quitten	1000	600 – 750	–	ohne
Sonstige Früchte oder Fruchtgemüse				
Berberitzen	–	–	–	–
Hagebutten	–	600 – 700	–	–
Kürbis	–	500 – 600	–	50 – 100
Orangen	1000	600 – 750	–	–
Rhabarber	–	–	–	–
Schlehen	–	–	–	–
Zitronen	1000	600 – 750	–	–

4.34.2 Aufgabe: Einkochen (Sterilisieren) im Wasserbad

Betriebsmittel: Gläser mit Rillen-, Schleif- oder Massivrand, passende Ringe, Einfüllring, Klammern, Einkochtopf mit Einsatz und evtl. Thermometer bzw. Thermostat.

Arbeitsgegenstände: Frische, abgemessene und vorbereitete Lebensmittel: Obst, Gemüse, Fleisch und Wurst.

LERNABSCHNITT	ARBEITSABLAUF

Definition

Der Inhalt der Gläser wird durch Einwirken von Wärme innerhalb einer bestimmten Zeit auf eine Temperatur von 75 bis 100 Grad Celsius gebracht. Durch die zugeführte Wärme dehnt sich die im Glas befindliche Luft und der entstehende Wasserdampf aus, so daß ein Teil der Gase am federnd aufliegenden Deckel entweicht. Beim Abkühlen zieht sich der Inhalt wieder zusammen, die festsitzende Klammer oder Feder drückt den Glasdeckel so auf den Gummiring, daß keine Luft mehr von außen in das Glas eindringen kann.

Vorbereitung

1. Betriebsmittel und Arbeitsgegenstände vollständig bereitstellen.
2. Arbeitsplatz sinnvoll einrichten.
3. Unbeschädigte Einkochgläser und Deckel gründlich mit Spülmittellösung säubern, mit klarem heißem Wasser nachspülen und umgedreht auf trockenem, nicht fusselndem Tuch oder Abtropfgestell abtropfen lassen.
4. Saubere und unbeschädigte Gummiringe in heißes Wasser legen.
5. Klammern und Federn auf ausreichende Elastizität hin überprüfen.

Durchführung

6. Einmachgut vorbereiten (Bohnen vorkochen).
7. Für Obst evtl. Zuckerlösung herstellen (s. Tabelle 4.34.1).
8. Vorbereitetes Einmachgut mit Einfüllring in die Gläser füllen.
9. Gläser zwischendurch auf einem feuchten Tuch aufstoßen.
10. Gläser bis max. 2 cm unter den Rand (bei Mus weniger) einfüllen, evtl. Zuckerlösung oder Wasser hinzugeben.
11. Glas- und Deckelrand mit klarem heißem Wasser und sauberem, fusselfreiem Tuch nochmals gründlich reinigen, mit sauberen Fingern prüfend abtasten. Saubere und feuchte Gummiringe aus klarem Wasser herausnehmen und sorgfältig auflegen.
12. Anschließend mit **passenden** Deckeln verschließen.
13. Deckel festklammern oder Feder aufsetzen.

14. **Einkochen**
Methoden
a) **Einkochtopf**
- Möglichst gleich große Gläser mit gleichem Inhalt auf den Einsatz des Einkochtopfes stellen. Sonst Ausgleich der Höhe durch Unterlage eines Holzklötzchens bei kleineren Gläsern schaffen. Darauf achten, daß sich die Gläser nicht berühren.
- Einkochtopf mit Wasser füllen, darauf achten, daß die Höhe des Wasserstandes der Höhe des Glasinhalts entspricht. Die Wassertemperatur sollte gleich der Temperatur in den Gläsern sein.
- Einkochzeiten und -temperaturen genau einhalten (vgl. 4.34.3). Die eigentliche Sterilisierdauer beginnt nach Erreichen der für das Einmachgut bestimmten Temperatur.
- Nach Beendigung der Zeit Deckel des Topfes abnehmen, nach weiteren 15 Minuten Gläser herausnehmen.

b) **Backofen** (Ober- und Unterhitze)
- Maximal 6 Gläser gleicher Größe und mit gleichem Inhalt in die mit 1 cm hoch mit Wasser gefüllte Fettpfanne stellen (sie dürfen sich nicht berühren!). Die Fettpfanne steht auf der unteren Einschubleiste des Herdes.
- Elektroherd auf die notwendige Temperatur einstellen (s. Herstellerangaben), sonst 180 °C.
- Wenn es in den Gläsern (nach ca. 60 Min. bei 1-l-Gläsern) kocht, Backofen evtl. ausstellen (vgl. 4.34.3).
- Obst: noch 25 bis 30 Minuten Nachwärme ausnutzen.
- Gemüse und Fleisch: 60 bis 90 Minuten bei 125 bis 150 Grad Celsius wei tersterilisieren, danach 25 bis 30 Minuten Nachwärme ausnutzen.
- Gläser herausnehmen.

15. Gläser auf ein Tuch stellen, mit Tuch sorgfältig abdecken.
16. Klammern oder Federn erst nach dem Erkalten entfernen.
17. Gläser beschriften (Inhalt, Datum) und an einem trockenen, dunklen und kühlen Ort aufbewahren.

Nacharbeit
18. Arbeitsplatz aufräumen, säubern.
19. Betriebsmittel sauber und trocken wegräumen.

Folgearbeit
20. Gläser besonders in den ersten Wochen möglichst häufig kontrollieren. Der Inhalt aufgegangener Gläser muß vernichtet werden.

4.34.3 Sterilisier-Tabelle

Einkochgut	Gläser im Backofen m. Ober- u. Unterhitze		Gläser im Wasserbad (Einkochtopf)		Tempe-ratur
	vom Perlen an	Nach-wärme	enge Gläser	weite Gläser	
	Minuten	Minuten	Minuten	Minuten	°Celsius
Beerenobst					
Brombeeren	abschalten	25	20	25	75
Erdbeeren	abschalten	25	20	25	75
Heidelbeeren	abschalten	30	25	30	80
Himbeeren	abschalten	30	25	30	75
Johannisbeeren	abschalten	25	20	25	90
Preiselbeeren	abschalten	25	20	25	90
Stachelbeeren	abschalten	30	25	30	75 – 90
Steinobst					
Aprikosen	abschalten	30	25 – 30	30 – 35	75
Kirschen	abschalten	30	30	35	80
Mirabellen	abschalten	30	25	30	75
Pfirsiche	abschalten	30	25 – 30	30 – 35	75
Pflaumen	abschalten	35	25 – 30	30 – 35	90
Reineclauden	abschalten	30	25	30	75
Kernobst					
Äpfel	abschalten	25	22 – 25	25 – 30	80
Apfelmus	abschalten	35	30	35	90
Birnen	abschalten	35	25 – 30	30 – 45	90
Quitten	abschalten	30	25	30	90
Verschiedenes					
Rhabarber	abschalten	25	20	25	80
Mark u. Mus	abschalten	35	30	35	90
Saft	abschalten	25	15	20	75
Gemüse					
Blumenkohl	80	30	90	110	98
Bohnen	80	30	90	110	98
Dicke Bohnen	60	30	60	90	98
Erbsen	90	30	90	120	98
Gurken	abschalten	25	20	25	75
Karotten	60 – 90	30	6 – 90	90 – 120	98
Kohlrabi	80	30	90	110	98
Pilze	80	30	90	110	98
Rosenkohl	70	30	90	100 – 110	98
Sellerie	80	30	90	110	98

4.34.3 Sterilisier-Tabelle

Einkochgut	Gläser im Backofen m. Ober- u. Unterhitze		Gläser im Wasserbad (Einkochtopf)		Temperatur
	vom Perlen an	Nachwärme	enge Gläser	weite Gläser	
	Minuten	Minuten	Minuten	Minuten	°Celsius
Spargel	90	30	90	110	98
Spinat	80	30	90	110	98
Tomaten	abschalten	30	25	30	90
Tomatenmark	abschalten	30	25	30	90
Rotkohl	80	30	90	110	98
Fleisch					
Fleisch vorgek. od. vorgebraten	60	30	90	90	98
Fleischbrühe	30	30	60	60	98
Wurst und Pasteten	60	30	90	90	98

Quelle: Elisabeth Meyer-Haagen, „Das elektrische Kochen", 46. Auflage, S. 514/515.

4.34.4 Aufgabe: Herstellen von Saft

Betriebsmittel: Dampfentsafter oder großer Kochtopf, Flaschen mit Schraubverschluß oder Gummikappen, Schüssel, feuchtes Tuch, Etiketten.

Arbeitsgegenstände: Zur Saftgewinnung eignen sich alle Obstsorten, aber auch Gemüse und Kräuter.

LERNABSCHNITT	ARBEITSABLAUF
Definition	Die gebräuchlichste Methode der Saftbereitung im Haushalt ist das Dampfentsaften. Das geschieht am besten in einem Dampfentsafter. Das kochende Wasser erweicht die Zellwände und bringt sie schließlich zum Platzen. Der Saft läuft aus, wird im Safttopf gesammelt und in Flaschen abgefüllt.
Vorbereitung	1. Betriebsmittel und Arbeitsgegenstände vollständig bereitstellen. 2. Arbeitsplatz sinnvoll einrichten. 3. Flaschen gründlich in Spülmittellösung säubern, mit klarem heißem Wasser nachspülen, austropfen lassen (zur Vereinfachung empfiehlt sich die Verwendung von leeren, nicht ausgespülten Flaschen, die mit mindestens 32%igem Alkohol gefüllt waren). Gummikappen in Wasser auskochen, anschließend Flaschen im Backofen bei 50 °C vorwärmen.

4. Obst kurz, aber gründlich waschen und gut abtropfen lassen.
   - Äpfel, Birnen und Quitten zerkleinern, Kerngehäuse nicht entfernen.
   - Rhabarber in Stücke schneiden.
   - Erdbeeren, Johannisbeeren und Stachelbeeren müssen nicht entkelcht bzw. entstielt werden.
     Wichtig: Nicht entstielte Johannisbeeren sind herber.
   - Kirschen, Pflaumen, Mirabellen und anderes Steinobst entsteinen.

5. Zucker in das vorbereitete Obst einstreuen (vgl. 4.34.1).
6. Dampfentsafter zusammenstellen.

Durchführung

7. Das gezuckerte Obst in das Sieb einfüllen und in den Entsafter hängen.
8. Wasser zum Kochen bringen.
9. Dauer des Entsaftens beachten, sie wird vom Kochen an berechnet:
   - Weiche Früchte (z. B. Beeren) 45 Min.
   - Mittelharte Früchte (z. B. Äpfel) 60 Min.
   - Harte Früchte (z. B. Rhabarber, Quitten) 75 Min.
   - Gemüse und Kräuter 60 Min.

10. Evtl. Wasservorrat überprüfen.
11. Ca. 5 Min. vor Beendigung des Entsaftens ½ l Saft ablaufen lassen und über das Obst gießen.
12. Den kochendheißen Saft in die im Backofen vorgewärmten Flaschen füllen, die in einer Schüssel auf einem sauberen Tuch stehen. Auf passende Abfüllhöhe der Flaschen achten, evtl. Hocker o. ä. verwenden.
13. Den Saft randvoll einfüllen.
14. Flaschen sofort verschließen (Gummikappen müssen bis dahin in heißem Wasser liegen).
15. Flaschen auf ein feuchtes Tuch stellen, mit Tuch überdecken, abkühlen lassen.
16. Flaschen feucht abwischen, beschriften (Inhalt, Datum).
17. Flaschen in einem dunklen, kühlen und trockenen Raum aufbewahren.

Besonderheiten

18. Geeignet für **kleinere Mengen an Obst:**
19. Gewaschene Früchte entstielen (große in kleine Stücke schneiden).
20. In einem großen breiten Kochtopf gut zerdrücken.

LERNABSCHNITT	ARBEITSABLAUF
	21. Mit Wasser zum Kochen bringen.
	22. Fruchtstückchen bei mäßiger Hitze weich, aber nicht musig kochen, einen Tag stehenlassen.
	23. Den Fruchtbrei auf ein gespanntes Safttuch geben oder in einen freihängenden Saftbeutel gießen (Safttuch zwischen umgedrehten Stuhl oder Hocker spannen).
	24. Den gewonnenen Saft wiegen, mit Zucker verrühren (vgl. 4.34.1).
	25. Etwa 5 Min. kochen lassen.
	26. Heiß in heiße Flaschen füllen und sofort verschließen (s. o.).
	27. Wird wenig Zucker verwendet (50 b is 100 g/1 l), müssen die Flaschen noch 25 Min. bei 75 °C sterilisiert werden.
	28. Anschließend wie oben beschrieben weiterverfahren.
Nacharbeit	29. Arbeitsplatz aufräumen, säubern.
	30. Betriebsmittel sauber und trocken wegräumen.

4.34.5 Aufgabe: Herstellen von Marmelade, Gelee und Konfitüre

Betriebsmittel: Siehe Rezept, außerdem ein großer weiter, niedriger Topf, 1 gr. Schüssel, 1 Durchschlag, Gläser zum Zubinden oder mit Schraubdeckel (z. Zubinden: Cellophan und Gummiringe), Handrührgerät mit Schneidstab, evtl. Kernentsteiner, Schöpfkelle, Rührlöffel, feuchtes Tuch, selbstklebende Etiketten.

Arbeitsgegenstände: Grob zerkleinerte Früchte, Fruchtbrei oder -saft.

LERNABSCHNITT	ARBEITSABLAUF
Definition	Bei der klassischen Mus-, Konfitüren-, Gelee- und Marmeladenzubereitung werden grob zerkleinerte Früchte, Fruchtbrei oder -saft mit Zucker (vgl. 4.34.1) bis zum Gelieren gekocht. Zucker macht die Früchte nicht nur wohlschmeckender, sondern auch haltbarer. Bei einer Konzentration von 66 % tötet Zucker die Gärungserreger ab. In Verbindung mit Pektin (Geliermittel) und der Fruchtsäure des Obstes sorgt der Zucker für die Gelierung.
	Mus: Mus ist eine durch Kochen eingedickte Fruchtmasse aus zerkleinerten Früchten, der kein oder nur wenig Zucker zugesetzt wird. Es muß deshalb lange in breiten Töpfen oder der Fettpfanne im Backofen eingekocht werden.

Konfitüre: Kann aus einer oder mehreren Fruchtsorten bereitet werden. Die vorbereiteten Früchte werden zerdrückt oder maschinell zerkleinert.

Marmelade: Ist das ausschließlich aus Zitrusfrüchten hergestellte Produkt.

Gelee: Wird aus Fruchtsäften hergestellt. Besonders gut eignen sich z. B. bestimmte Apfelsorten, Quitten, Johannisbeeren, Stachelbeeren. Der Saft wird mit Zucker bis zum Gelieren gekocht.

Vorbereitung

1. Betriebsmittel und Arbeitsgegenstände vollständig bereitstellen.
2. Arbeitsplatz sinnvoll einrichten.
3. Topf, Schüssel, Geräte und Gläser auf einwandfreie Sauberkeit prüfen.
4. Gläser heiß ausspülen, nach dem Abtropfen nicht abtrocknen, nicht mehr hineinfassen.
5. Etiketten bereitlegen.
6. Gläser zum Einfüllen auf ein feuchtes Tuch stellen.

Durchführung

7. Früchte vorbereiten, bei Bedarf nach Rezept zerkleinern, entkernen u. ä.

Gelierzucker

8. Topf nur bis zur Hälfte füllen, höchstens aber 2,5 kg Früchte und 2,5 kg Gelierzucker auf einmal kochen.
9. Gelierzucker grundsätzlich mit dem kalten Obstbrei verrühren, dann erst zum Kochen bringen.
10. Gründlich sprudelnd kochen lassen, die angegebene Kochzeit (ca. 4 Min.) gilt erst ab sprudelndem Kochen.
11. Gelierprobe durchführen, dabei etwas von der heißen Masse auf einen Teller tropfen. Erstarren diese Tropfen recht bald und bildet sich kein Wasserrand, ist lange genug gekocht worden.
12. Das Kochgut sofort randvoll in heiße Gläser füllen, dabei Einfülltrichter verwenden.

Gläser mit Schraubdeckel

13. Bewährt hat sich das Einfüllen nach folgender **Methode:** Gleich große Schraubgläser im halbrunden Kreis im inneren Greifbereich auf ein feuchtes Tuch stellen, Deckel rechts davon.
14. Einfüllen, evtl. Rand säubern und zuschrauben.
15. Zugeschraubte umgedrehte Gläser in den äußeren Greifbereich stellen und erkalten lassen.

Gläser mit Einmachhaut verschließen

16. Feuchte Einmachhaut straff über den sauberen Glasrand ziehen und mit Gummiring fest verschließen. Auch hier sollte der Inhalt noch recht heiß sein.

Gelee:

17. Pektinreiche Früchte (Johannis- und Stachelbeeren, Äpfel, Quitten) nach dem Vorbereiten in den Dampfentsafter geben, den ausfließenden Saft (nicht pressen!) nach Rezept verwenden (vgl. 4.34.1).

Opekta:

18. Früchte wie oben beschrieben vorbereiten.
19. Früchte je nach Verwendung zerkleinern, den Zucker mit Citropekt hinzufügen.
20. Unter Rühren zum Kochen bringen.
21. Ca. 10 Sekunden brausend durchkochen lassen.
22. Vorgeschriebene Menge Opekta nach Rezept flüssig einrühren.
23. Kurz aufwallen lassen.
24. Heiß in Gläser füllen und sofort verschließen. Wie oben beschrieben weiterbehandeln.

Zwei zu Eins (für Diabetiker):

25. Früchte wie oben beschrieben vorbereiten.
26. Inhalt des Beutels »Zwei zu Eins« mit 400 bis 500 g Zuckeraustauschstoff Sorbit oder Fructose (bei Gelee mit 400 g) vermischen.
27. In 1 kg Obstmasse (bzw. ¾ l Obstsaft) einrühren.
28. Unter Rühren langsam erhitzen, nach Kochbeginn 1 Minute durchkochen lassen.
    Wichtig: Haltbarkeit ist begrenzt.
29. Wie oben beschrieben weiterverfahren.

Nacharbeit

30. Arbeitsplatz aufräumen, säubern.
31. Betriebsmittel sauber und trocken wegräumen.
32. Gläser nochmals überprüfen, Deckel evtl. nachdrehen.
33. Gläser mit selbstklebenden Etiketten (Inhalt, Datum) versehen.
34. Gläser an einem dunklen, trockenen und kühlen Ort lagern.

4.34.6 Aufgabe: Lebensmittel einfrieren

Betriebsmittel: Großer Kochtopf, Blanchierkorb, Kühlakkus oder Eiswürfel, Küchentücher, Verpackungsmaterial: Polyethylenfolien, Aluminiumbehälter, Kunststoffbehälter aus Polyethylen oder Gefrierbeutel aus Polyethylen mit Clips, evtl. Folienschweißgerät, Etiketten.

Arbeitsgegenstände: Gefriergeeignetes Gemüse, Obst, Fleisch, Wurstwaren, Milch und Milchprodukte erstklassiger Qualität, evtl. Ascorbinsäure

LERNABSCHNITT	ARBEITSABLAUF

Definition

Haltbarmachung von Lebensmitteln durch Entzug von Wärme unter dem Gefrierpunkt. Einfrieren und anschließendes Lagern bis −18 °C und darunter führt zu:

- Geringen Vitamin- und Mineralstoffverlusten.
- Geringer Form- und Farbveränderung.
- Leichter Verdaulichkeit der Lebensmittel.
- Ständig vorhandener vollwertiger und abwechslungsreicher Kost.
- Zeitersparnis.
- Arbeitsersparnis.
- Geldersparnis (nicht bei relativ teuer zugekauften Lebensmitteln).

Vorbereitung

1. Gefriergerät ca. 12 Std. vor dem Einfrieren größerer Mengen auf »Super« stellen.
2. Nicht mehr einfrieren, als das angegebene Gefriervermögen des Gefriergerätes erlaubt.
3. Betriebsmittel und Arbeitsgegenstände vollständig bereitstellen.
4. Arbeitsplatz sinnvoll einrichten.

Durchführung

Blanchieren

5. 5 l Wasser in den Kochtopf füllen, zum Kochen bringen. Gemüse kochfertig vorbereiten (putzen, schälen, schneiden u. ä.). Blanchierkorb bereitstellen.
   - Kaltes Wasser mit Kühlakkus oder Eiswürfeln bereitstellen.
   - Küchentücher ausbreiten.
   - Vorbereitetes Gemüse in kleinen Portionen (max. 0,5 kg) in Blanchierkorb füllen und diesen in das kochende Wasser hängen. Bei hellem Gemüse (Blumenkohl, Schwarzwurzeln, Pilzen) und hellem Obst (Äpfel, Birnen) 1 g Ascorbinsäure auf 5 l Wasser dazugeben.
   - Bei Wiedererreichen des Siedepunktes (das muß spätestens nach 1 Min. geschehen) Zeituhr einstellen.
   - Blanchierzeiten in kochendem Wasser beachten:

Blumenkohl	2 Minuten
Bohnen	3 Minuten
Dicke Bohnen	4 Minuten

Erbsen	2 Minuten
Grünkohl	1 – 2 Minuten
Kohlrabi	3 Minuten
Möhren	3 Minuten
Paprikaschoten (halbiert)	2 – 3 Minuten
Pilze	3 – 4 Minuten
Rotkohl (in Essigwasser)	3 Minuten
Spargel	3 Minuten
Spinat	2 Minuten
Weißkohl	2 Minuten
Wirsing	2 Minuten
Zuckermais (ganze Kolben)	6 – 10 Minuten
Rosenkohl	3 Minuten

- Dabei Blanchierkorb hin- und herschwenken.
- **Gemüse** in kaltes Wasser geben (ca. 5 Min.) und darin bewegen. **Wichtig:** Kaltes Wasser mehrmals erneuern, evtl. Eiswürfel oder Kühlakkus erneuern.
- Gemüse auf Küchentüchern ausbreiten und abtropfen lassen.
- Blanchierwasser kann bis zu fünfmal nacheinander verwendet werden. Verdampfte Wassermenge nachfüllen.

6. Verpacken **(Gefrierbeutel)**
   - Betriebsmittel zum Verpacken bereitstellen.
   - Etiketten beschriften (Inhalt, Menge, Datum).
   - Abgekühltes Gemüse in Gefrierbeutel füllen.

7. **Fleisch**
   - Schlachtfrisches Fleisch auskühlen bzw. abhängen lassen. Hackfleisch sofort nach der Herstellung einfrieren.
   - Zweckmäßige Mengen verpacken, evtl. Folie zwischenlegen (z. B. bei Bratwurst, Schnitzel, Kotelett, Rouladen u. ä.).

8. **Obst**
   - Waschen, entkelchen, entstielen, entsteinen oder schälen.
   - Mit Streuzucker oder Zuckerlösung einfrieren.
   - Blanchiert werden vor dem Einfrieren:
     Äpfel (2 – 3 Minuten)
     Birnen (2 – 3 Minuten)
   - Früchte für Tortenbelag einzeln auf einem Blech vorgefrieren, dann erst verpacken.

9. Portionsgerechte Mengen wählen:

Fleisch und Fleischprodukte	max. 2,5 kg
Obst und Gemüse	max. 1 kg
Fertige Speisen	max. 0,5 – 1 kg

10. Gefüllte Gefrierbeutel möglichst flach und rechteckig halten.

11. Luft vor dem Verschließen herausdrücken.

12. Beutel fest mit Clips verschließen, evtl. Folienschweißgerät verwenden.
13. Etiketten aufkleben.
14. **Feste Behälter** möglichst vollfüllen.
15. Behälter fest verschließen.
16. Behälter mit Filzstift beschriften (Inhalt, Menge, Datum).
17. Beutel oder Behälter sofort zum Gefriergerät bringen und an die kältesten Stellen legen, das sind Vorgefrierfach, Innenwände und Boden.
18. Berührung mit anderen, bereits gelagerten Behältern möglichst vermeiden, sonst isolierende Wellpappe dazwischenlegen.
19. Anzahl und Inhalt der Pakete bzw. Behälter sowie Einlagerungstag in Vorratsliste eintragen.
20. Lagerdauer vermerken, z. B.:
    Fleisch 5 – 12 Monate
    Obst 9 – 12 Monate
    Gemüse 9 – 12 Monate

Nacharbeit

21. Arbeitsplatz aufräumen, säubern.
22. Betriebsmittel sauber und trocken wegräumen.
23. Gefriergerät erst nach völligem Durchfrieren der Produkte wieder auf Normalschaltung bringen.
    Richtwerte:
    1 kg Schweinefleisch 16–24 Std.
    1 kg Gemüse 13–22 Std.
    1 kg Obst 16–24 Std.

4.34.7 Aufgabe: Tischfertiges Gericht zum Einfrieren herstellen und auftauen

Betriebsmittel: Siehe jeweiliges Rezept, außerdem Gefrierbehälter wie: Formen und Dosen aus gestanztem Aluminium, Polyethylendosen, kochfeste Gefrierbeutel, Clips, Etiketten.

Arbeitsgegenstände: Zubereitete Nahrungsmittel.

LERNABSCHNITT	ARBEITSABLAUF

Anwendung

Sehr gut geeignet sind:
- Mit Mehlschwitze zubereitete Soßen und Suppen
- Suppen (klare und ungebundene)
- Suppeneinlagen
- Eintopfgerichte
- Gulasch, Frikassee, Ragoût
- Rouladen, Frikadellen
- Hackbraten, Braten
- Klopse
- Fischgerichte
- Kartoffelklöße und Kroketten
- Teigwaren- und Reisaufläufe
- Quarkspeisen

Nicht geeignet sind:
- Mayonnaise
- Pell-/Salzkartoffeln
- Hartgekochte Eier
- Eischnee
- Rahm-(Sahne-)soßen
- Gerichte mit Leber

Vorbereitung

1. Bei großen Mengen Gefriergerät auf »Super« schalten, Gefriervermögen beachten.
2. Betriebsmittel und Arbeitsgegenstände vollständig bereitstellen.
3. Arbeitsplatz sinnvoll einrichten.

Durchführung

4. Gericht in drei- bis vierfacher Menge nach Rezept zubereiten, dabei nur geeignetes Fett (kein Schmalz, Speck oder Erdnußöl) verwenden. Speisen knapp garkochen.
5. Bei Eintopfgerichten Kartoffeln evtl. durch Reis oder Teigwaren ersetzen.
6. Verfeinerungszutaten wie Ei, Zitronensaft, Wein, Milch oder Sahne nicht hinzugeben (diese werden erst nach dem Auftauen vor dem Verzehr an die Speise gegeben!).
7. Wenig würzen.
8. Gericht abkühlen lassen.

Verpacken

9. Menge richtet sich nach der gewünschten Portionsgröße (max. 1 kg).
10. Packung fest verschließen und mit Etikett versehen (Inhalt, Menge, Datum).
11. Fertig verpacktes Gericht sofort an den kältesten Stellen des Gefriergerätes einfrieren.
12. Anzahl und Inhalt der Packungen sowie Einlagerungsdatum in Vorratsliste eintragen. Lagerzeit bis max. 3 Monate vermerken.

Nacharbeit

13. Arbeitsplatz aufräumen, säubern. Betriebsmittel sauber und trocken wegräumen.
14. Gefriergerät erst nach völligem Durchfrieren der Produkte auf Normalschaltung stellen (18 bis 24 Std.).

Besonderheiten

Suppen

15. Möglichst fettfrei als Konzentrat einfrieren.
16. Suppeneinlagen getrennt einfrieren.
17. Lagerdauer sollte 3 Monate nicht überschreiten. Bei fetthaltigen Suppen ist sie zu kürzen.

Auftauen und Aufwärmen

18. Fertige Suppen aus der Packung nehmen, mit wenig kochendem Wasser im Kochtopf auf 70 °C erwärmen oder im Mikrowellengerät auftauen.
19. Anschließend mit der notwendigen Wassermenge zum Kochen bringen und abschmecken.
20. Suppeneinlagen gefroren in die kochende Flüssigkeit geben.

Fleischgerichte

21. Gerichte möglichst in Brühe oder Soße einfrieren.
    - Braten eignet sich nur, wenn die Stücke zum Kern hin durchgegart sind.
    - Innereien eignen sich besser zum Einfrieren, wenn sie gegrillt und nicht mit Fett gebraten werden.
22. Lagerdauer ca. 3 Monate. Bei Verwendung von Speck, Sahne, Zwiebeln und Gurken nicht länger als 1 Monat!

Auftauen und Aufwärmen

23. Nach kurzem Antauen im Kochtopf unter Zugabe von etwas Wasser oder im Wasserbad erwärmen (Fleischgerichte in Soße oder Brühe) bzw. im Mikrowellengerät.
24. Oder im Kochbeutel in siedendem Wasser erhitzen.
25. Braten im Kühlschrank über Nacht auftauen, in Scheiben schneiden und diese dann in der erhitzten Soße erwärmen.
26. Soll der Braten ganz bleiben, diesen nach dem Auftauen in den Backofen stellen.

Gemüsegerichte

27. Gedünstetes oder gekochtes Gemüse, das nicht in Fett geschwenkt wurde, ist besonders geeignet.

28. Geeignet ist auch geschmortes, mit einer Fleischfarce gefülltes Gemüse.

29. Lagerdauer sollte 3 Monate nicht überschreiten. Kohl- und fetthaltige Gerichte nur 1 Monat lagern.

Auftauen und Aufwärmen

30. **Auftauen** und kurz im Kochtopf unter Zugabe von etwas Wasser oder im Wasserbad erwärmen bzw. Mikrowellengerät verwenden.

31. Gemüseeintopf, bei dem eine gute Formerhaltung wichtig ist, läßt man über Nacht im Kühlschrank auftauen und erhitzt ihn dann mit wenig Wasser im Kochtopf.

32. Evtl. mit frischen Kräutern oder Zwiebeln verbessern.

33. **Salate** aus gekochtem Gemüse werden gefroren in der Verpackung durch Einstellen in 40 °C warmes Wasser rasch aufgetaut und dann abgeschmeckt.

Kartoffelgerichte

34. Geeignet sind fertig gegarte Kartoffelklöße, roh geformte oder fertig gebackene Kartoffelkroketten, vorgebackene Pommes frites, hell gebackene Reibekuchen und Kartoffelpüree.

35. Lagerdauer von 3 Monaten nicht überschreiten.

Auftauen und Aufwärmen

36.
- Kartoffelklöße auftauen und in kochendem Wasser garziehen lassen.
- Kroketten aufbacken oder ggf. in Fett schwimmend ausbacken, ebenso halbfertige Pommes frites.
- Reibekuchen mit wenig Fett in der Pfanne erwärmen.
- Kartoffelbrei im Wasserbad erwärmen oder über Nacht im Kühlschrank auftauen lassen und mit Milch aufschlagen.

Süßspeisen

37. Geeignet sind Flammeris und Aufläufe, bei denen Reis oder Grieß als Bindemittel verwendet werden, sowie Quarkspeisen.

38. Lagerdauer soll 3 Monate nicht überschreiten.

39. Auftauen erfolgt bei Zimmertemperatur.
    - Quarkspeisen nach dem Auftauen glattrühren.
    - Aufläufe in der Form im Backofen erwärmen, mit Butterflöckchen belegen.

Teige und Gebäck

40. Gut geeignet ist fetthaltiges Gebäck.
    - Bei Obstkuchen nicht zu saftige Früchte verwenden (lieber getrennt einfrieren), längere Auftauzeit beachten.
    - Torte erst nach der Gefrierlagerung füllen und garnieren (sonst unverpackt vorfrieren und dann verpacken).

41. Lagerdauer bis zu 3 Monaten, Torten mit Cremefüllung höchstens 6 Wochen.

Auftauen

42.
- Mürbeteig bei Raumtemperatur 2 bis 3 Std.
- Rührkuchen 50 bis 60 Min. bei 100 °C im Backofen oder bei Raumtemperatur auftauen, 5 bis 10 Min. bei 200 °C im Backofen nachbacken.
- Berliner Pfannkuchen unaufgetaut 15 Min. aufbacken (200 °C) und danach in Zucker wälzen.
- Mit Sahne oder Creme gefüllte Backwaren unaufgetaut aufschneiden (3 bis 4 Std. Auftauzeit).
- Obstkuchen bei Raumtemperatur auftauen (3 bis 4 Std. Auftauzeit).
- Blätterteig gefroren 5 bis 7 Min. in den Backofen bei 190 °C einstellen.
- Gebäck aus Brandmasse bei Raumtemperatur (3 bis 4 Std.).
- Brötchen und Hefekleingebäck 60 Min. bei Raumtemperatur auftauen oder 5 Min. bei 190 °C in den Backofen stellen (Schale mit Wasser hineinstellen).

43. Beim Auftauen im **Mikrowellengerät** Herstellerangaben beachten.

5 Umgang mit Pflanzen in Haus und Garten

5.1 Allgemeines

5.1.1 Maßnahmen zum Umweltschutz beim Umgang mit Pflanzen in Haus und Garten

LERNABSCHNITT	ARBEITSABLAUF
Rasenmäher	1. Kaufentscheidung nicht nur vom Preis, sondern auch vom GS-Zeichen und dem »Blauen Engel« für besonders lärmarme Rasenmäher abhängig machen (weniger als 60 Dezibel!).
Rasen	2. Grünen Rasenteppich zu einem bunten Blumenrasen machen. Die Nutzung der Grasfläche als Spiel- oder Wohnfläche wird dadurch allerdings eingeschränkt.
	3. Auf Rasendünger und Herbizide verzichten.
	4. Bei ausreichendem Platz eine Blumenwiese anlegen.
Insekten	5. Nicht nach Bienen, Hummeln und Hornissen schlagen. Die Insekten stechen nur, wenn sie sich bedroht fühlen.
	6. Eine Flasche mit Zuckerwasser und Essig als Wespenfalle aufstellen. Bienen mögen keinen Essiggeruch.
	7. Auf keinen Fall ein Insektizid spritzen.
Schädlinge	8. Sich auf einheimische Pflanzen beschränken. Alle anderen sind besonders empfindlich gegen Schädlingsbefall.
	9. Sind Schädlinge zu bekämpfen, möglichst keine chemischen Bekämpfungsmittel einsetzen. Zu verwendende und bewährte Mittel stehen in der entsprechenden Fachliteratur.
	10. Daran denken: Nicht jeder Befall muß sofort bekämpft werden. Alle chemischen Mittel, die zur Unkrautvernichtung oder Schädlingsbekämpfung benutzt werden, sind hochgiftig, nicht nur für die sogenannten »Schädlinge«, sondern auch für Menschen und »nützliche« Tiere. Jeder, der solche Mittel anwendet, sollte sich darüber im klaren sein, daß er mit dem Spritzen der Obstbäume z. B. auch alle Vögel gefährdet, die schließlich immer noch die besten Schädlingsbekämpfer sind.
	11. Nur im äußersten Fall zu chemischen Bekämpfungsmitteln greifen. Vorschriften genau beachten! Wer trotzdem Gift im Garten verwen-

det, muß darauf achten, daß diese Mittel weder mit der Haut in Berührung kommen noch eingeatmet werden dürfen. Nicht gegen den Wind sprühen. Vor und nach dem Gebrauch Flaschen, Kanister, Dosen u. ä. an einem sicheren Ort, für Kinder und Haustiere unzugänglich, aufbewahren.

Mischkulturen

12. Einen Anbauplan aufstellen und daran denken, daß ein richtiger Fruchtwechsel und eine richtige Fruchtfolge eingehalten werden.
13. Geeignete Mischkulturen anlegen.
14. Gewürzkräuter im Nutzgarten pflanzen.

Giftige Pflanzen

15. Alle giftigen Pflanzen aus dem Garten verbannen, wenn hier Kinder spielen.

Bodenverbesserung

16. Die Beetflächen möglichst nicht betreten, wenn sie naß sind.
17. Den Boden mit Geräten bearbeiten, die den Untergrund zwar auflockern, aber nicht zerstören.
18. Auf Torf verzichten.
19. Den Boden ganzjährig mit einer höchstens 5 cm dicken Mulchschicht aus Laub, getrocknetem Gras, angerottetem Kompost usw. schützen.
20. Vor einer evtl. Düngung eine Analyse des Bodens durchführen lassen.

Kalk

21. Hat der Test ergeben, daß der Boden Kalk braucht, an einem windstillen Tag im Herbst 150 bis 200 g kohlensauren Kalk pro Quadratmeter ausstreuen. Auf schweren Böden ist Branntkalk günstiger.
22. Überwinternde und immergrüne Pflanzen dürfen nicht gekalkt werden.

Stickstoff

23. Organische Stickstoff-Düngemittel wie Horn- oder Blutmehl verwenden. Mineralische Stickstoff-Düngemittel können zwar schnell ein Defizit ausgleichen, es besteht aber die Gefahr der Überdosierung, weil die Menge nicht genau berechnet, abgewogen und nicht gleichmäßig genug ausgebracht wird.
24. Eine gleichmäßige Stickstoffversorgung und Humuszufuhr erreicht man mit einer regelmäßigen Gründüngung (z. B. mit Phazelia und Winterroggen).

Wasser

25. Den Garten nicht oft bewässern. Nur ganz wenige Pflanzen benötigen ständig feuchtes Erdreich.
26. Entscheidet man sich dennoch für eine Gartenbewässerung, sollte man nur sprengen, wenn der Boden wirklich trocken ist, und dann entweder frühmorgens oder abends.
27. Lieber wenige Male als täglich sprengen, dann aber intensiv.

5.2 Aufgabe: Aussaat (Freiland)

Betriebsmittel: Saatgut, Beize, Glas mit Deckel, Sieb, Kultivator, Reihenzieher, evtl. Pflanzschnur, Särolle, Eisenharke.

Arbeitsgegenstände: Hochwertiges Saatgut aus dem Fachhandel (Reinheit, Keimfähigkeit beachten).

LERNABSCHNITT	ARBEITSABLAUF

Vorbereitung

1. Betriebsmittel und Arbeitsgegenstände vollständig bereitstellen.
2. Evtl. mit quecksilberfreien Mitteln beizen (z. B. Metiram-Mittel: Phytox-Super oder Thiram-Mittel: Attiram).

Überschußbeizung

1 Msp. Beizmittel wird mit dem Samen in einem verschließbaren Glas gut geschüttelt und dann in einem alten Sieb abgesiebt. Die Beize sollte angewendet werden bei: Erbsen, Bohnen, Gurken, Spinat und Roten Beten. Günstig ist sie auch bei: Möhren, Zwiebeln, Schwarzwurzeln, Radies und Kohl. Der behandelte Samen kommt, mit einem Vermerk versehen, in die Original-Samenpackung zurück.

3. Wenn im Frühjahr der Boden nicht mehr an den Schuhen klebt, helle Spitzen zeigt, krümelt und sich genügend erwärmt hat, wird er mit dem Kultivator durchgearbeitet und mit der Harke (Rückenseite) eingeebnet.

Durchführung

4. Die Reihen werden mit einem Reihenzieher o. ä. markiert. Anzahl und Abstand der Reihe beachten!
5. Säen: **Methoden** (hier nur die wichtigsten)
   a) **Reihensaat:** Samen werden fortlaufend und gleichmäßig ausgesät – eine günstige Methode für das Gedeihen und die Pflege der Pflanzen.
   b) **Horstsaat:** z. B. Stangenbohnen, Buschbohnen, Gurken. Samen werden horstweise (etwa 5 Stck.) in größerem Abstand ausgelegt. Später wird teilweise ein Vereinzeln notwendig sein.
   c) **Markiersaat:** Schnell keimende Samen (Radies, Salat, Spinat) werden langsam keimenden (Möhren, Zwiebeln) hinzugegeben.
6. Samen zwischen Daumen, Zeige- und Mittelfinger reibend in die fertigen Rillen streuen oder Särolle verwenden.
7. Nicht zu dicht säen, feinen Samen mit trockenem Sand mischen.
8. Nicht zu tief säen, den Samen nur bis zu seiner dreifachen Stärke mit Erde bedecken. Ausnahme: Erbsen, diese anhäufeln.
9. Bei Samen mit langer Keimzeit Markiersaat untermischen (s. o.).
10. Saatgut nach dem Schließen der Reihen andrücken (mit Harkenrücken). Gegen Vogelfraß kann man die Saat durch Auflegen einer Folie schützen.

LERNABSCHNITT	ARBEITSABLAUF
	11. Evtl. Pflanzschnur entfernen.
Nacharbeit	12. Betriebsmittel sauber und trocken wegräumen.
Folgearbeit	13. Einige Aussaaten müssen, wenn sie außer den Keimblättern zwei bis vier Laubblätter gebildet haben, vereinzelt werden. Dabei Boden wieder fest andrücken und gießen.

Anbauplan für den Gemüsegarten

Zeichenerklärung
● = geeignete Vorkultur im Rahmen der Fruchtfolge
\+ = Mischkultur günstig
– = Mischkultur ungünstig

Bezeichnung	Saatzeit	Saatmenge	Saattiefe	G = Garten, A = Anzuchtbeet	Keimdauer	Pflanzzeit	Reihenabstand × Abstand i. d. Reihe	+ = Starkverzehrer, – = Schwachverzehrer	Düngung[8]: Grunddüngung	Düngung[8]: 1. Kopfdüngung	Düngung[8]: 2. Kopfdüngung	Kulturdauer	Erntezeit	Ertrag	Gefriereignung: + + = sehr gut; + = gut; – = schlecht	Blumenkohl	Bohnen	Bohnenkraut	Chicorée
	Monat	g/m^2	cm		Tage	Monat	cm		g/m^2	g/m^2	g/m^2	Tage	Monat	kg/m^2					
Hülsenfrüchte																			
Bohnen (Busch-)	5, 6, 7	10–15	2–3	G	8–12	–	40 × 40	+/–	60	30	–	55–80	7–10	1,5–2,5	+ +			+	
Bohnen (Stangen-)	5, 6	8–15	3	G	8–12	–	80 × 60	+	60	40	30	90–120	7–9	2,5–4	+ +				
Bohnen (Dicke)	3	20–25	3	G	8–12	3[1]	40 × 10–15	+	60–80	30	–	70–80	6–7	1,5	–	●			●
Erbsen (Pal-)	3–4	20–30	5–8	G	8–10	–	30	–	50	25	–	70–80	6–7	1,5	+ +	●	●		
Erbsen (Mark-)	3–4	20–30	5–8	G	8–10	–	30	–	50	25	–	70–80	6–7	1,5	+ +	●	●		
Fruchtgemüse																			
Gurken	4–5	0,5–1	6–8	A[2]	4–5	15. 5.	125 × 25	+	40	40	40	60–70	8–9	2–3	+		+		
Kürbis	4–5	1,5	6–8	A[2]	4–5	15. 5.	150 × 100	+	40	40	40	100	7–10	3–4	–				
Zucchini	4–5	0,5–1	8–14	A[2]	4–5	15. 5.	100	+	40	40	40								
Tomaten	2–3	–	12–18	A[3]	5–6	15. 5.	100 × 60	+	50	50	30	120 bis 160	7–9	3–5	+[4]		+		
Zuckermais	4–5	3–4	8–10	A[2]	5–6	15. 5.	60 × 20	+	80	20	20	150	8–9	15	+ +				
Blattgemüse																			
Salat (Kopf-, früh)	2–3	–	2	A[5]	10–12	3–6	25 × 20	+/–	65–75	–	–	60–80	5–9	20 St.	–		+	+	
Salat (Eis-)	4–5	–	2	A	10–12	5–6	40 × 35	+/–	80	–	–	60–80	7–9	6–7 St.	–				
Salat (Pflück-)	3–4	1,5	1	G	10–12	–	20 × 25	+	60	–	–	60–80	4–5		–		+	+	
Salat (Feld-)	8–9	1,5 bis 2,0	1	G	10–12	–	15	–	–	–	–	60	10–4	1,5–2	–		●		
Radicchio	4–7	1	–	G	6–10	–	25 × 20	+/–	80	30	–	60	6–7 10–4	15 St.	–				
Winterendivien	6–7	–	–	A	8–14	7–8	30 × 30	+/–	60	40	–	80–100	10–12	11 St.	–				
Zuckerhut	6–7	1	2–3	G	8–14	–	30 × 20–30	+/–	60	20–30	20–30	120	10–12	10–12	–				
Chicorée (Wurzeln)	5	–	2–3	G	8–14	–	30–40 × 10	+/–	60	20	30	150	ab 10	20–25	–				
Spinat	3–9	4–6	3	G	8–10	–	20	+	40	30	–	80–100	5–6 10–4	1,5–2	+ +		●		●
Spinat (Neuseeländischer)	3–4	–	–	A[3]	16–28	5–6	100 × 50	+/–	60	20	20	50–60	–10	3	+ +		●		●
Mangold	3–4	2–4	2	G	10–15	–	30[6]	+/–	40	40	30	70	ab 6	5–7	+ +				
Knollenfenchel	7	15–20	2	G	15–22	–	40 × 20–30	–	50–60	30	–	110	10–11	2–2,5	+				

[1] Vorkeimen; [2] Aussaat; [3] Töpfe; [4] Mark und Saft; [5] Aussaat im Garten von Juli bis August möglich; [6] verziehen; [7] vereinzeln; [8] die Angaben zur Mineraldüngung beziehen sich auf chlorfreien

Vorkulturen im Rahmen der Fruchtfolge und Eignung als Mischkultur mit folgenden Früchten																											
Erbsen	Erdbeeren	Fenchel	Grünkohl	Gurken	Kapuzinerkresse	Kartoffeln	Knoblauch	Kohl	Kohlrabi	Kopfkohl	Kopfsalat	Mangold	Möhren	Pfefferminze	Pflücksalat	Porree	Radieschen	Rettich	Rote Bete	Saatzwiebeln	Salat	Sellerie	Spinat	Schwarzwurzeln	Tomaten	Zucchini	Zwiebeln
–		–		+		● +	–	+			+	+			+	● –	● +	+	● +		+	+		●	+		–
–		–				●	–	+			+	+			+	● –	● +	+	● +		+	+		●	+		–
			●						●	●						●	●		●		●			●			
				+			–	+	● +	●	+		+			–	● +	+							–	+	–
				+			–	+	● +	●	+		+			–	● +	+							–	+	–
+						–	+	● +	●		+					● +	● –	–	+			+		●	–		
+					+																						+
–				–	+	–	+	+	+		+		+	+	+	+	+	+	+			+	+			+	● +
+	+			+				● +	● +				+			+	● +	+	+			–			+		+
								●	●								●										
								● +	●				+				● +	+	+						+		
				●				●	●								●			●							
								●	●								●										
								● +	●							+	+										
●													●														
●								●							●												
+						+	+	● +	● +								● +	+			●			●	+		
								●	●								●				●			●			

Es handelt sich dabei um allgemeine Angaben. Die im individuellen Fall erforderliche Düngermenge sollte aber grundsätzlich nach einer vorherigen Bodenuntersuchung berechnet werden.

Anbauplan für den Gemüsegarten

Zeichenerklärung
● = geeignete Vorkultur im Rahmen der Fruchtfolge
\+ = Mischkultur günstig
– = Mischkultur ungünstig

Bezeichnung	Saatzeit	Saatmenge	Saattiefe	G = Garten, A = Anzuchtbeet	Keimdauer	Pflanzzeit	Reihenabstand × Abstand i. d. Reihe	+ = Starkverzehrer, – = Schwachverzehrer	Düngung[8] Grunddüngung	Düngung 1. Kopfdüngung	Düngung 2. Kopfdüngung	Kulturdauer	Erntezeit	Ertrag	Gefriereignung: + + = sehr gut; + = gut; – = schlecht	Blumenkohl	Bohnen	Bohnenkraut	Chicorée
	Monat	g/m²	cm		Tage	Monat	cm		g/m²	g/m²	g/m²	Tage	Monat	kg/m²					
Wurzelgemüse																			
Möhren (früh, mittelfrüh)	3–7	1	3	G	14–21	–	20	+/–	40	40	30		9–10	3–4	+ +	●			
Möhren (spät)	4–5	0,5–0,8	3	G	14–21	–	25–30[6]	+/–	40	40	30		10	5–8	+ +	●			
Rote Bete	6	2–4	2–3	G	8–14	–	25–30[6]	+/–	40	30	–	150	9/10	3–4	+		● +	+	
Schwarzwurzeln	3–4	1	2–3	G	12–18	–	25–30[6]	+/–	60	25	25	200	10	1,5–2	+		●		
Knollensellerie	3	–	–	A	15–26	5–6	40 × 40	+	50	50	40	200	10–11	2,5–3	+		+		●
Radieschen	3–8	2	1	G	5–8	–	15	–	40	–	–	25–40	5–9		–		+		●
Rettich (Sommer)	5–7	2–4	2	G	6–8	–	40 × 30	+/–	40	30	–	90–100	6–9	2–4	+		+		
Zwiebelgemüse																			
Zwiebeln (Saat-)	2–4	0,8–1	3	G	30	–	20 × 25[7]	+/–	30	30	30	150–200	8–9	3–4	–		–		
Zwiebeln (Steck-)		70–100	–	–	–	3–4	20 × 10	+/–	30	30	30		6–7	2,5–4	–		–		
Porree (Winter)	3–4	–	–	A	10–14	4/5–7	30 × 15–20	+	80	30	30	150	8/9/10	5	–		● –		●
Kohlgemüse																			
Blumenkohl	2/6	–	–	A	5–8	4/7	40 × 40, 50 × 50	+	80	30	30	120	6–10	2–4	+ +		+		●
Broccoli	4/6	–	–	A	5–8	4/7	50–60 × 40–50	+/–	60–100	30–40	30–40	70	7/8/9	2–3	+ +		+		
Chinakohl	20. 7.	–	2–3	G	5–8	–	30–40 × 2,5–30	+	60–80	–	–	90	10/11	3–10	–		+		
Weißkohl (früh)	2	4	–	A	5–10	4	40 × 40	+	80	40	–	120	6/7	3–5	+		+		●
Weißkohl (Herbst)	3–4	4	–	A	5–10	5	50 × 50	+	80	30	30	180	9–10	4–6	+		+		●
Weißkohl (Dauer)	4–5	4	–	A	5–10	5–6	50/60 × 50	+	80	30	30	180	10–11	4–7	+		+		●
Rotkohl	4–5	4	–	A	5–10	5–6	50/60 × 50	+	80	50	–	180	10–11	4–7	+		+		●
Rosenkohl	4–5	–	–	A	6–8	6	50 × 50, 60 × 60	+	80	40	30	210	11/12	1	+ +		+		●
Grünkohl	5–6	–	–	A	5–8	7	40 × 40	+	80	30	–	180	11/12	2	+		+		●
Kohlrabi (früh)	2	–	–	A	5–8	4 od. 8	20 × 20	+/–	80	40	–	120	6–9	25 St.	+ +		+		●
Kohlrabi (mittelfrüh)	4–5	–	–	A	5–8	5/6	30 × 25	+/–	80	40	–	120	7/8	13 St.	+ +		+		●
Kohlrabi (blau)	6	–	–	A	5–8	7	40 × 30	+/–	80	40	–	120	10	2,5	+ +		+		●

[1] Vorkeimen; [2] Aussaat; [3] Töpfe; [4] Mark und Saft; [5] Aussaat im Garten von Juli bis August möglich; [6] verziehen; [7] vereinzeln; [8] die Angaben zur Mineraldüngung beziehen sich auf chlorfreien V

Vorkulturen im Rahmen der Fruchtfolge und Eignung als Mischkultur mit folgenden Früchten																											
Erbsen	Erdbeeren	Fenchel	Grünkohl	Gurken	Kapuzinerkresse	Kartoffeln	Knoblauch	Kohl	Kohlrabi	Kopfkohl	Kopfsalat	Mangold	Möhren	Pfefferminze	Pflücksalat	Porree	Radieschen	Rettich	Rote Bete	Saatzwiebeln	Salat	Sellerie	Spinat	Schwarzwurzeln	Tomaten	Zucchini	Zwiebeln
+							+	+	●	●	+			+	+	● +	● +	+							+		+
							+	+	●	●	+			+	+	● +	● +	+							+		+
				+			+	+	+		+				+												+
				●				●	●							●	●					●	●				
				+		–	+	● +	● –		+					●	●		●					●	+		
● +	● +		●	● –	+			+	+		+		● +		+	●		●			●	●	+	●	+		● –
+	+			–	+			+	+		I		+		+								+		+		–
–	+			+				–	+		+		+		+		–	–	+						+	+	
–	+			● +				–	+		+		+			+	–	–	+			●			● +	+	
● –	● +			● +				● –	● –		–		● +			●			● –		●	● +	●	●	+		+
● +	● –			● +		+ ●	–				+		●	+	+	● +	+	+	+		● +	● +	+	●	+		● –
+	–			+		+	–				● +		●	+	+	+	+	+	+		+	+	● +		+		–
+	–			+		+	–				+			+	+	+	+	+	+		+	+	+		+		–
● +	● –			● +		+ ●	–				+		●	+	+	● +	+	+	+		+	● +	+	●	+		● –
● +	● –			● +		+ ●	–				+		●	+	+	● +	+	+	+		+	● +	+	●	+		● –
● +	● –			● +		+ ●	–				+		●	+	+	● +	+	+	+		+	● +	+	●	+		● –
● +	● –			● +		+ ●	–				+		●	+	+	● +	+	+	+		+	● +	+	●	+		● –
● +	● –			● +		+	● –				+		●		+	● +	+	+	+		● +	● +	+	●	+		● –
● +	●			● +		+ ●					+		●	+	+	●	+	+	+		● +	● +	+	●	+		●
● +	●			● +		● +					+		●			● +	+	+	+		● +	● +	+	●	+		● +
● +	●			● +		● +					+		●			● +	+	+	+		● +	● +	+	●	+		● +
● +	●			● +			+				+		●			● +	+	+			● +	● +	+	●	+		● +

Es handelt sich dabei um allgemeine Angaben. Die im individuellen Fall erforderliche Düngermenge sollte aber grundsätzlich nach einer vorherigen Bodenuntersuchung berechnet werden.

5.3 Aufgabe: Jungpflanzenanzucht (Kastenaussaat)

Betriebsmittel: Saatgefäße, fertiges Kultursubstrat oder Gemisch aus ⅓ Sand – ⅓ Kompost – ⅓ ungedüngter Blumenerde, Sieb, Sprüher, viereckiges Holzbrett, Holzstab oder langes Lineal, Glasscheibe oder durchsichtige Folie, Zeitungspapier.

Arbeitsgegenstände: Gemüsearten mit längerer Jugendentwicklung, die erst nach den letzten Maifrösten in den Garten kommen dürfen.

LERNABSCHNITT	ARBEITSABLAUF

Anwendung Tomaten, Paprika, Sellerie, Neuseeländer Spinat, Gurken, Kürbis, frühe Sorten von Kopfsalat, Kohlrabi, Blumenkohl

Vorbereitung

1. Betriebsmittel und Arbeitsgegenstände herbeiholen.
2. Arbeitsplatz sinnvoll einrichten, Zeitungspapier auslegen.
3. Saatgefäße gründlich säubern und bereitstellen.

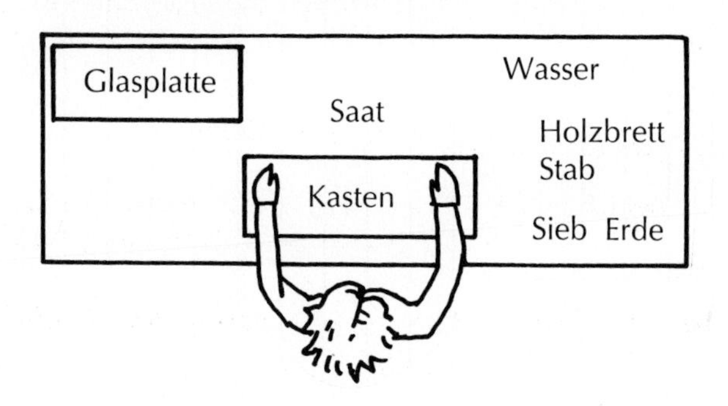

4. Kultursubstrat herstellen.
   Beispiel: Gemisch aus ungedüngter Blumenerde, feuchtem Kompost und Sand herstellen oder auch das Kultursubstrat TKS 1 verwenden. Geeignet sind für manche Sämereien auch die Jiffi-Torfquelltöpfe.

Durchführung

5. Tonscheiben über evtl. vorhandene Abzugslöcher der Saatgefäße legen.
6. Gefäße mit feinem Kultursubstrat füllen, mit länglichem Holzbrett leicht andrücken und durch Überziehen glätten.
7. Saatgut breitwürfig, gleichmäßig und nicht zu dicht aussäen.
8. Kultursubstrat übersieben (nicht dicker als zweimal Samenkornhöhe).
9. Mit Holzbrett leicht andrücken.
10. Mit Sprüher leicht befeuchten.

LERNABSCHNITT	ARBEITSABLAUF
	11. Samentüte am Kastenrand befestigen.
	12. Mit Glasscheibe oder Plastikfolie abdecken.
	13. Kasten auf eine warme und helle Fensterbank stellen, evtl. durch Unterlegen von Isolierplatten vor Kälte isolieren.
Nacharbeit	14. Arbeitsplatz aufräumen und säubern.
	15. Betriebsmittel sauber und trocken wegräumen.
Folgearbeit	16. Sind die Jungpflanzen groß genug (2 bis 4 Blätter), werden sie mit einem Pikierstab einzeln in kleine Ton-, Torf- oder Plastiktöpfe gesetzt. Vor starker Besonnung und Austrocknung schützen.
	17. Die Jungpflanzen müssen hell stehen, regelmäßig gegossen werden und brauchen viel frische Luft. Vor dem endgültigen Auspflanzen in den Garten abhärten.
	18. Bevor die Pflanzen endgültig ins Freiland gepflanzt werden, bekommen sie 3 bis 4 Tage vor dem Auspflanzen eine Flüssigdüngung und am Vorabend des Pflanztages eine gründliche Bewässerung.

5.4 Aufgabe: Pflanzen (im Freiland)

Betriebsmittel: Jungpflanzen, Pflanzschaufel (für Pflanzen mit Wurzelballen), Pflanzholz (für Pflanzen ohne Wurzelballen), Gießkanne, Pflanzschnur, Hacke.

Arbeitsgegenstände: Vorgezogene, gesunde, nicht zu stark entwickelte Jungpflanzen.

LERNABSCHNITT	ARBEITSABLAUF
	Zeitpunkt der Pflanzung: Tage, an denen der Himmel bedeckt und die Erde feucht ist, in der wärmeren Jahreszeit nur in den kühlen Abendstunden. Jungpflanzen sofort nach dem Herausnehmen aus dem Anzuchtbeet in den gut vorbereiteten Boden pflanzen. Gekaufte Pflanzen müssen bis zur Auspflanzung am gleichen Tag locker in feuchter Umhüllung in einem kühlen Raum aufbewahrt werden. Beim Zukauf darauf achten, daß die Pflanzen unbeschädigt und frei von Krankheiten und Schädlingen sind.
Vorbereitung	1. Betriebsmittel und Arbeitsgegenstände vollständig bereitstellen. **Methode:** Dreieckspflanzung auf Lücke (Verbandspflanzung). Am besten ist das Pflanzen mit der Hand. Nur in schweren und steinigen Böden und bei Pflanzen mit langem Wurzelwerk nimmt

LERNABSCHNITT	ARBEITSABLAUF
	man zur Herstellung des Pflanzloches eine Pflanzschaufel (für Pflanzen mit Wurzelballen) oder ein Pflanzholz (für Pflanzen ohne Wurzelballen). Die Pflanzen werden dann von der Seite her mit diesen Geräten sanft festgedrückt. Der Druck wird von unten nach oben gehend ausgeführt, Festigkeitsprobe durchführen.
	2. Beet vorbereiten, evtl. Pflanzschnur spannen.
Durchführung	3. Pflanzloch je nach Art der Pflanze herstellen: – Flach und fest gepflanzt werden: Sellerie, Salat, Zwiebeln. – Tief gepflanzt werden: Kohlarten (außer Kohlrabi), Gurken. – Besonders tief gepflanzt werden: Porree und Tomaten (Porree sollte vorher noch an Wurzel und Sproß etwas gekürzt werden).
	4. Nach dem Einsetzen der Pflanze die Erde leicht mit den Händen oder Pflanzschaufel bzw. Pflanzholz festdrücken.
	5. Pflanzschnur entfernen.
	6. Den Wurzelbereich vorsichtig mit abgestandenem, temperiertem Wasser angießen. Erst düngen, wenn die Pflanze »Fuß gefaßt« hat.
	7. Über den Gießrand trockene Erde ziehen (Hacke).
Nacharbeit	8. Das festgetretene Land wieder auflockern.
	9. Betriebsmittel sauber und trocken wegräumen.
Folgearbeit	10. Regelmäßiges Gießen nicht vergessen.
	11. Welke Blätter (z. B. auch überflüssige Tomatentriebe, Erdbeerranken, anderen Wildwuchs) regelmäßig entfernen.

5.5 Aufgabe: Stecklingsvermehrung

Betriebsmittel: Zeitungspapier, flache Kunststoffschale mit hoher Kunststoffhaube aus leicht durchlässigem Material. Es genügen aber auch flache oder kleine Töpfchen (Ø 6 cm für Einzelstecklinge, Ø 11 cm für 3 bis 4 Stecklinge), Folienbeutel, Kultursubstrat.

Arbeitsgegenstände: Geranien, Efeu, Tradescantien, Usambaraveilchen, Bogenhanf, Begonien u. ä.

LERNABSCHNITT	ARBEITSABLAUF
Definition	Der Steckling ist ein abgetrennter Pflanzenteil ohne Wurzeln. Der beste Zeitpunkt: Frühjahr, evtl. auch August.

LERNABSCHNITT	ARBEITSABLAUF
Vorbereitung	1. Arbeitsplatz sinnvoll einrichten, Betriebsmittel und Arbeitsgegenstände vollständig herbeiholen, Tontöpfe wässern. 2. Stecklinge auswählen. Man unterscheidet: – Kopfstecklinge – z. B. Geranien – Stammstecklinge – z. B. Efeu oder Tradescantien – Blattstecklinge – z. B. Usambaraveilchen – Teilblattstecklinge – z. B. Bogenhanf oder Begonien. 3. Kultursubstrat herstellen: a) Stecklingserde: ½ Kies u. ½ gut durchgerotteter Kompost. b) Für Pflanzen, die im Topf bleiben: ⅓ Kies, ⅔ Kompost. 4. Erdmischungen in Gefäße geben, aufstoßen und mit beiden Daumen am Rand herumgreifend festdrücken, ein zweites Mal aufstoßen, dann bepflanzen.
Durchführung	5. Stecklinge, die nicht länger als 6 bis 10 cm sind, auswählen, 2 mm unter einem Blattknoten mit sehr scharfem Messer oder Rasierklinge im Schneidgerät abschneiden, die unteren Blätter entfernen. 6. Stecklinge werden fest in die vorbereiteten Gefäße gesetzt. 7. Stecklinge vorsichtig mit Wasser abbrausen.

LERNABSCHNITT	ARBEITSABLAUF
	8. Plastikbeutel überstülpen, mit einem Gummiring halten.

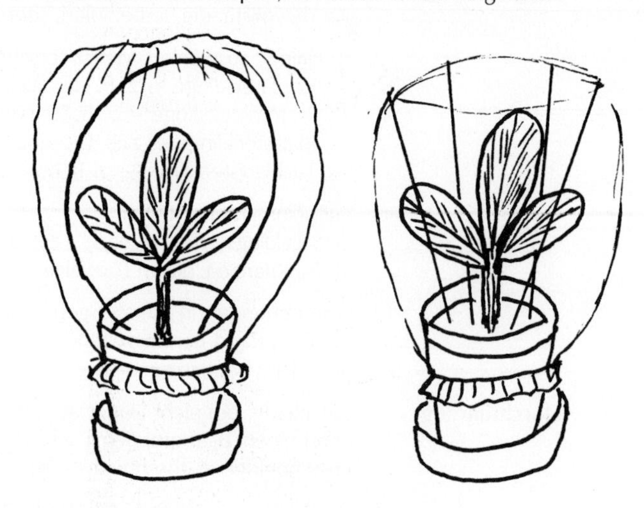

	9. Pflanzen an einen hellen und warmen Ort stellen.
Nacharbeit	10. Arbeitsplatz aufräumen und säubern.
	11. Betriebsmittel sauber und trocken wegräumen.
Folgearbeit	12. Sind die Stecklinge gut bewurzelt, können sie in kleine Blumentöpfe umgetopft werden.
	13. Als Kultursubstrat Blumenerde wählen, die einen Nährstoffvorrat von 6 bis 8 Wochen hat.

5.6 Aufgabe: Das Umtopfen

Betriebsmittel: Töpfe aus Ton oder Kunststoff (neue Tontöpfe 24 Std. vorher wässern!), Kultursubstrat:
a) ⅔ Kompost oder gute Gartenerde, ⅙ Kies, ⅙ Lauberde
b) Käufliche Blumenerde

Arbeitsgegenstände: Topfpflanzen, deren Ballen nach oben drängt und deren Wurzeln aus dem Abzugsloch herauswachsen, 6 bis 8 Wochen alte Stecklinge.

LERNABSCHNITT	ARBEITSABLAUF
	Der beste Zeitpunkt: Frühling
Vorbereitung	1. Betriebsmittel und Arbeitsgegenstände vollständig bereitstellen.
	2. Arbeitsplatz sinnvoll einrichten.

Durchführung

3. Pflanzen in ihrem alten Topf tags zuvor gut durchwässern.
4. Erdmischung fertigmachen.
5. Oberirdische Pflanzenteile ausputzen (abgeblühte, welke, faule und kranke Teile entfernen).
6. Topf mit der Oberkante auf die Tischkante aufstoßen, Pflanzen zwischen dem gespreizten Mittel- und Zeigefinger halten, herausnehmen.

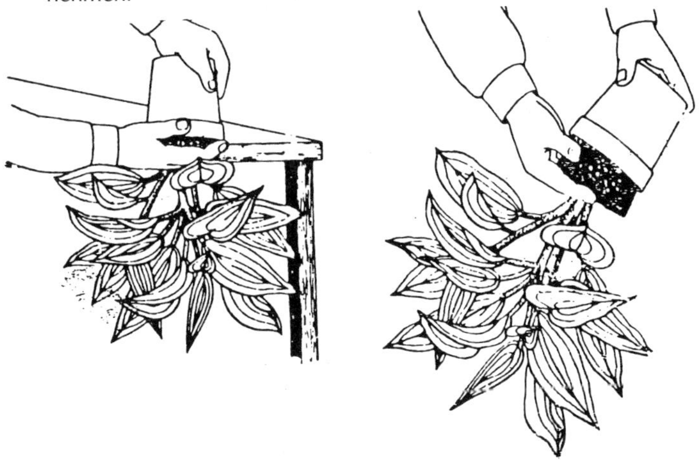

7. Wurzelballen auflockern, Erde ausschütteln (Grünlilien und Geranien vertragen leichtes Einkürzen der Wurzeln).
8. Neuen Topf, in den der alte hinpassen sollte, vorbereiten:
   - Auf das Abzugsloch eine Tonscherbe legen.
   - Eine oder zwei Handvoll Blumenerde hineingeben.
9. Den Ballen darauf stellen. Er sollte knapp mit dem Rand abschließen.

10. Rundherum frische Erde füllen und einen Gießrand drücken, wie oben beschrieben.

11. Topf anschließend gut von außen säubern.
12. Pflanze angießen.

13. Topf auf einen Untersetzer oder in einen Übertopf stellen und an den alten Standort bringen.

Nacharbeit 14. Arbeitsplatz aufräumen und säubern.

15. Betriebsmittel sauber und trocken wegräumen.

Folgearbeit 16. Pflanzen erst düngen, wenn sie neue Wurzeln gebildet haben.

5.7 Aufgabe: Bepflanzen von Balkonkästen oder Blumenkübeln

Betriebsmittel: Käufliche Blumenerde oder eine Mischung aus ⅔ Kompost oder guter Gartenerde, ⅙ Kies und ⅙ Lauberde, Balkonkästen oder Blumenkübel, Topfscherben oder Kies, Pflanzschaufel, Gießkanne.

Arbeitsgegenstände: Geeignete Pflanzen, z. B.:
Für den Frühling: Osterglocken, Tulpen, Hyazinthen.
Für den Sommer: Pantoffelblumen, Geranien, Fuchsien, Knollenbegonien, Petunien, Margeriten, Kapuzinerkresse, Hängegeranien, Männertreu, Tagetes, Salvien.
Für den Herbst: Herbstanemonen, Topfheide, Chrysanthemen.
Für den Winter: Winterheide, Zwergnadelgehölze, Winterlinge, Schneeglöckchen, Christrosen.

LERNABSCHNITT	ARBEITSABLAUF
Vorbereitung	1. Betriebsmittel und Arbeitsgegenstände vollständig bereitstellen.
	2. Arbeitsplatz sinnvoll einrichten.
Durchführung	3. In den Balkonkasten bzw. Blumenkübel eine Schicht Topfscherben oder Kies legen.
	4. Mit feinkrümeliger frischer Blumenerde gleichmäßig auffüllen, Rand mit der Hand flach andrücken, Restboden durch Aufstoßen sich setzen lassen.
	5. Mit der Pflanzschaufel die je nach Jahreszeit gewählten Pflanzen, nach Höhe und Farbe zusammengestellt, nicht zu dicht einpflanzen.
	6. Wenn Blumen unterschiedlicher Größe gepflanzt werden sollen, mit den größten Pflanzen beginnen. Den restlichen Platz mit kleinen Pflanzen ausfüllen.
	7. Soll nur eine Sorte gepflanzt werden, in der Mitte beginnen, dann die Pflanzen am Rand einsetzen und anschließend den Zwischenraum ausfüllen.
	8. Kletterpflanzen schräg einsetzen. Die Triebe zeigen dabei auf die Wand, die sie später begrünen sollen.
	9. Pflanzen fest einsetzen, angießen.
Nacharbeit	10. Kästen bzw. Kübel an ihren Stellplatz bringen, Rand und Außenwand säubern.
	11. Arbeitsplatz aufräumen und säubern.
	12. Betriebsmittel sauber und trocken wegräumen.

LERNABSCHNITT	ARBEITSABLAUF
Folgearbeit	13. Regelmäßig gießen, besonders am Abend nach heißen Sommertagen. Hat sich der Boden gesetzt, nochmals frische Erde nachfüllen.
	14. Wöchentlich düngen (z. B. 1 Handvoll Volldünger blau auf 10 l Wasser – 12 Std. stehen lassen).
	15. Verwelkte Pflanzenteile und Blütenstände laufend entfernen.

5.8 Aufgabe: Treiben von Blumenzwiebeln

Betriebsmittel: Blumentöpfe und Erdmischung aus ⅔ Gartenerde und ⅓ Sand oder für Hyazinthen sog. Hyazinthengläser, frisches Wasser, 1 Stck. Holzkohle und Hütchen aus festem Papier, Zeitungspapier.

Arbeitsgegenstände: Geeignete Zwiebelgewächse (z. B. frühe Tulpensorten, präparierte Hyazinthen, Narzissen und Krokusse).

LERNABSCHNITT	ARBEITSABLAUF
	Der beste Zeitpunkt: Ende September
Vorbereitung	1. Betriebsmittel und Arbeitsgegenstände vollständig bereitstellen.
	2. Arbeitsplatz sinnvoll einrichten, Zeitungspapier auslegen.
	3. Neue Blumentöpfe aus Ton 24 Std. wässern.
	4. Erdmischung herstellen.
Durchführung	5. Auf das Abzugsloch der Blumentöpfe je eine Tonscherbe legen, Blumenerde einfüllen. Eine kleine Mulde formen.
	6. Zwiebel so hineinsetzen, daß die Spitze gerade über der Erde bleibt.
	7. Um die Blumenzwiebel herum bei Bedarf Erde so nachfüllen, daß am Schluß ein Gießrand bleibt.
	8. Sollen mehrere Zwiebeln in einen Topf, dann gelten folgende Richtlinien: Ø 10 bis 12 cm = 1 Hyazinthe oder 3 bis 5 Tulpen oder 3 Narzissen oder 5 bis 6 Krokusse.
	9. Topf mit Zwiebeln an einen dunklen, kühlen Ort bringen (z. B. Keller) oder im Garten in ein 30 cm tiefes Beet stellen. Gut vor Frost schützen oder ins Frühbeet bzw. Treibhaus stellen.

10. Beim Aufbewahren im Keller einen zweiten Topf über die Zwiebel stülpen, vor Mäusefraß schützen.

Nacharbeit

11. Arbeitsplatz aufräumen und säubern.
12. Betriebsmittel sauber und trocken wegräumen.

Folgearbeit

13. Wenn die Triebe 5 cm lang sind (nach ca. 8 bis 10 Wochen), die Töpfe in einen warmen und hellen Raum stellen.
14. Vorsichtig mit dem Gießen beginnen.
15. Papierhütchen oder Blumentöpfe erst entfernen, wenn die Triebe sie hochdrücken.
16. Nach weiteren 8 bis 14 Tagen Töpfe auf die hellen und warmen Fensterbänke stellen.
17. Die abgeblühten Zwiebeln müssen trocken gelagert werden. Sie sind zum Treiben nicht mehr geeignet und kommen im nächsten Herbst in den Garten.

Besonderheiten

Hyazinthen auf Gläsern

1. Hyazinthengläser mit Wasser füllen, ein Stückchen Holzkohle hinzugeben.
2. Zwiebel, von der alle alten Wurzelreste entfernt wurden, so auf das Glas setzen, daß zwischen Wasser und Zwiebelboden ca. ½ cm Luftraum bleibt.
3. Zwiebeln mit Hütchen abdecken und in den kühlen, dunklen Keller bringen.
4. Evtl. abgestandenes Wasser nachgießen.
5. Erst wenn die Wurzeln den Glasboden erreicht haben und die Knospe ganz aus der Zwiebel herausgewachsen ist, darf sie in ein warmes Zimmer.
6. Das Hütchen muß auch hier erst vom Trieb hochgeschoben werden, bevor man es abnehmen darf.

5.9 Aufgabe: Einstellen von Blumen

Betriebsmittel: Sauberes scharfes Messer (bei stark holzigen Zweigen Garten- oder Rosenschere), Zeitungspapier, gründlich gereinigte Vase, Wasser (möglichst kalkarm, auf Zimmertemperatur gebracht), Frischhaltemittel für Schnittblumen (nicht für **Orchideen, Anthurien, Cyclamen).** Abfallbehälter.

Arbeitsgegenstände: **Schnittblumen** und **Zweige,** die in Farben und Blütenformen zueinander passen (Pastellfarben zueinander, feine und grobe Blüten getrennt).

LERNABSCHNITT	ARBEITSABLAUF

Vorbereitung

1. Betriebsmittel und Arbeitsgegenstände vollständig bereitstellen, **Vase:** farblich auf die Blumen abgestimmt (z. B. feine Porzellanvasen zu feinen Blumen, Tonvasen zu groben Blumen).
2. Arbeitsplatz sinnvoll einrichten, mit Zeitungspapier auslegen.

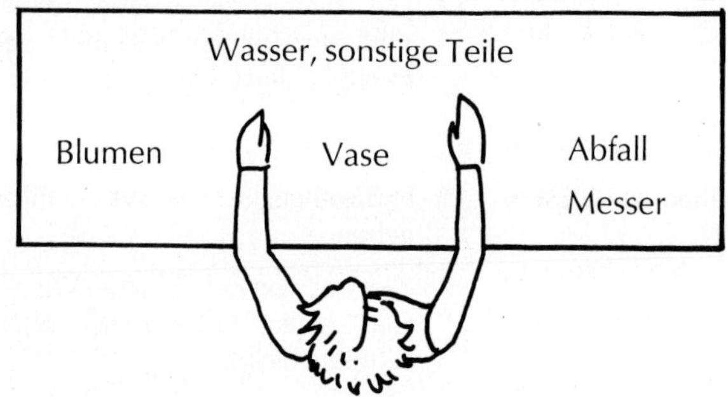

Durchführung

3. **Vase** zu ⅔ mit Wasser füllen, Frischhaltemittel dazugeben (nicht bei Orchideen, Anthurien oder Cyclamen).
4. **Blumen**
   - **Frische Blumen** morgens oder auch abends, nie in der Mittagshitze schneiden.
   - Bei **Dahlien, Astern und Zinnien** nur voll aufgeblühte Zweige schneiden, die Blüten entwickeln sich in der Vase nicht mehr weiter.
   - Die unteren Blätter bis zur Höhe des Wasserstandes abstreifen.
   - Stielenden unter Wasser schräg abschneiden, starkstielige Zweige zusätzlich aufspalten.
   - Stiele mit Knoten (z. B. **Nelken, Bartnelken, Dahlien**) nie unmittelbar am Knoten, sondern nur in den Zwischenräumen anschneiden.
   - **Alpenveilchen, Christrosen, Maiglöckchen:**
     Stiele oberhalb der Schnittfläche mit sauberem scharfem Messer aufritzen.
   - **Sonnenblumen, Anemonen:** Schnittflächen 2 bis 3 Min. lang in heißes Wasser tauchen.
   - **Dahlien:** Stielenden mit Feuerzeug ansengen, um Austritt von harziger Flüssigkeit zu verhindern.

LERNABSCHNITT	ARBEITSABLAUF

- **Narzissen und Maiglöckchen:** Bevor sie mit anderen Blumen zusammengestellt werden, 24 Std. in Wasser ausschleimen lassen.

5. Blumen einzeln von außen nach innen in die Vase stellen, dabei schwache Blumenstiele mit Steckdraht verstärken.
6. Dabei darauf achten, daß:
   - Höhe der Blumen in einem günstigen Verhältnis zur Vase stehen muß. Die Höhe ergibt sich aus folgender Formel: Blumenhöhe = zweimal Vasenhöhe + Vasenbreite
   - größere und dunklere Blüten unten angeordnet sind
   - nicht mehr als 7 Blumen (in ungerader Zahl) eingestellt werden.
7. Vase abwischen.
8. Vase an einen geeigneten Platz stellen (nicht in die pralle Sonne oder in die Nähe der Heizung, Zugluft vermeiden).

Nacharbeit

9. Arbeitsplatz aufräumen und säubern.
10. Betriebsmittel sauber und trocken wegräumen.

5.10 Aufgabe: Stecken von Blumen

Betriebsmittel: Sauberes scharfes Messer (bei starkstieligen Zweigen Rosen- oder Gartenschere), Zeitungspapier, gründlich gereinigte Steckschale in neutralem Farbton, kalkarmes, auf Zimmertemperatur gebrachtes Wasser, Igel oder eingeweichtes Steckmoos, evtl. gesäuberte Steine oder Kiesel, Steckdraht, Abfalleimer.

Arbeitsgegenstände: Zweige und Blumen, aufeinander abgestimmt, die bis zur Verarbeitung in Wasser stehen sollen.

LERNABSCHNITT	ARBEITSABLAUF

Vorbereitung

1. Betriebsmittel und Arbeitsgegenstände vollständig bereitstellen.
2. Arbeitsplatz mit Zeitungspapier auslegen, sinnvoll einrichten.

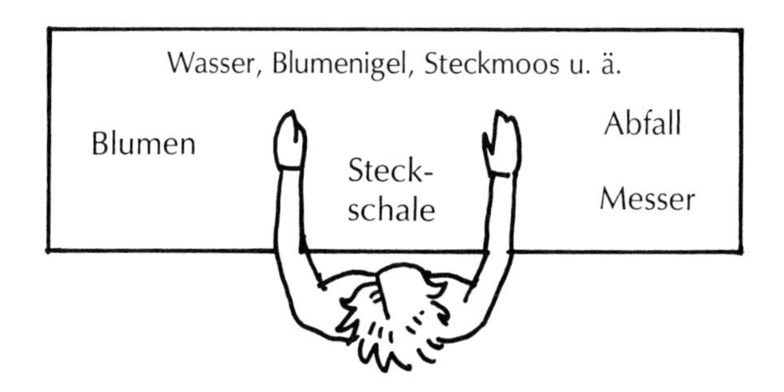

3. Steckmoos zuschneiden:
   - 1 cm höher als das Gefäß.
   - Gießloch lassen (Fingerprobe!).
   - Ecken abschrägen, abrunden.
4. Igel oder Moos in die Steckschale legen, dabei ein Stück Küchenpapier unter den Igel legen.
5. Igel oder Moos mit Blättern oder Steinen bzw. Kiesel abdecken.
6. Blumen unter Wasser gerade anschneiden, untere Blätter entfernen. Zweige unten schräg anschneiden.
7. Einzeln stecken, dabei auf folgendes achten:
   - Höchste Blume zuerst (der leichteste, grazilste Zweig bzw. die noch knospigste Blume oder bei mehreren Farben die hellste Blume).
   - In Dreiecksform (bei runden Schalen) stecken, dabei darauf achten, daß alle Linien nach oben streben und sich kreisförmig begegnen.

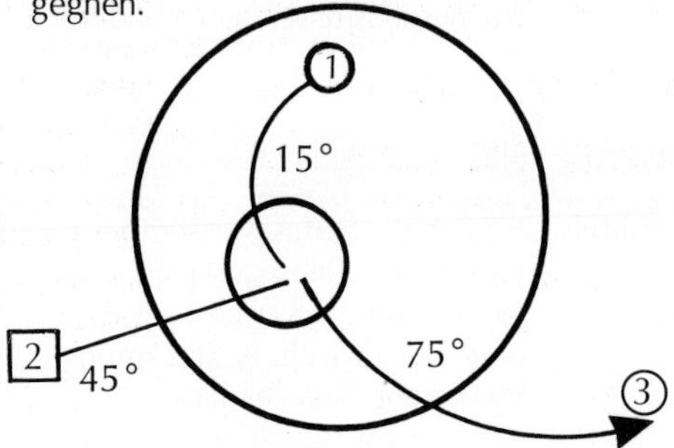

   - Das Gesteck mit Blumen ausfüllen, dabei drehen.
   - Lücken mit Beiwerk füllen, nicht überladen.
   - Steckmaterial mit passendem Beiwerk abdecken.
   - Weitere Formen sind: Kreisform, lineare Form und die asymetrische Form
   - Verhältnis von Schale zu Blumenhöhe beachten. Eine günstige Höhe des Gestecks ergibt sich aus folgender Formel: Gesteckhöhe = zweimal Schalendurchmesser + Schalenhöhe.
8. Bei **Tisch-** und **Tafelarrangements** darauf achten, daß sie von **allen** Seiten sorgfältig ausgearbeitet werden.
9. Steckschale mit Wasser füllen.
10. Steckschale abwischen, an Ort und Stelle bringen, nicht in die Nähe der Heizung bzw. in Zugluft.

Nacharbeit

11. Arbeitsplatz aufräumen und säubern.
12. Betriebsmittel sauber und trocken wegräumen.

Literaturverzeichnis

1. *Altmann-Gädke, G., C. Greving:* Haushaltsführung und Haushaltspflege – Verlag: Handwerk und Technik, Hamburg.
2. *Anstalt Stetten:* Reinigungs- und Pflegearbeiten in der Hauswirtschaft, 1. Teil.
3. *Arbeitstechnische Merkblätter der Landjugendberatung:* Ausbildung – Fortbildung.
4. *Blume, Ch., A. Rumland und I. Lotz:* Nahrungszubereitung 1 und 2 – Verlag: Handwerk und Technik, Hamburg.
5. *Buschmann, M. et al.:* Markt- und Verbraucherkunde, Reihe Hauswirtschaft, Bd. 4 – Verlag: BLV, München.
6. *Doering, A.:* Haus- und Textilpflege – Verlag: Handwerk und Technik, Hamburg.
7. *Faxel, S. et al.:* Hauswirtschaftstechnischer Betriebshelfer – Verlag: Handwerk und Technik, Hamburg.
8. *Grüner, H.:* Fachtheorie für ernährungswirtschaftliche Berufe – Verlag: Handwerk und Technik, Hamburg.
9. *Herrmann-Lejeune, E.:* Unser Hausgarten – Verlag: BLV, München.
10. *Janssen, A.:* Der Umgang mit Pflanzen in Haus und Garten – Verlag: Handwerk und Technik, Hamburg.
11. *Kehr, B., Ch. Petri:* Wirtschaftslehre des Haushalts, Reihe Hauswirtschaft, Bd. 1 – Verlag: BLV, München.
12. *Koch, E. R.:* Umweltschutz zu Hause – Verlag: Mosaik, München.
13. *Meyer-Haagen, E.:* Das elektrische Kochen – Verlag: Verlag- u. Wirtschafts-Gesellschaft der Elektrizitäts-Werke mbH, VWEW, Frankfurt.
14. *Nesso, M.:* Rationelle Nahrungszubereitung – Verlag: Handwerk und Technik, Hamburg.
15. *Rauch, W., I. Schwarz:* Das ABC des Kochens – Verlag: Hoffmann, Schulze & Co. GmbH, Zirndorf.
16. *Refa-Verband f. Arbeitsstudien u. Betriebsorganisation e. V., Darmstadt:* Methodenlehre des Arbeitsstudiums, Teil 3 und 6, München.
17. *Rüller, Schneider, Seipel:* Gartenbau in Theorie und Praxis – Verlag: Handwerk und Technik, Hamburg.
18. *Schlieper, C. A.:* Grundfragen der Ernährung – Verlag: Handwerk und Technik, Hamburg.
19. *Sinn, A. et al.:* Wäschepflege im Haushalt – Verlag: Handwerk und Technik, Hamburg.
20. *Verbraucherzentrale Baden-Württemberg e. V. et al.:* Umweltfreundliche Produkte.
21. *Veröffentlichungen der Landwirtschaftskammer Schleswig-Holstein* und der *Landwirtschaftskammer Hannover* zu den entsprechenden Themenbereichen.

Die Autorin

Oberstudienrätin Barbara Stock: Nach dem Abitur machte sie eine land- und hauswirtschaftliche Ausbildung. In Kiel studierte sie anschließend Agrarwissenschaften und schloß als Diplom-Ingenieurin ihr Studium ab. Für den Schuldienst qualifizierte sie sich im Referendariat in den Fachbereichen Hauswirtschaft, Landwirtschaft und Nahrungsgewerbe.

Seit 1974 ist Barbara Stock Lehrerin an den Beruflichen Schulen des Kreises Herzogtum Lauenburg in Mölln.

Zu Themen der Hauswirtschaft hat sie zahlreiche Veröffentlichungen geschrieben.

Christa Zimmermann
Erfolgsbuch Textilkunde
Einsatzgebiete und Anforderungen an Textilien, Kennzeichnungen. Eigenschaften von textilen Faserstoffen und Flächen. Verwendung textiler Garne für Be- und Verarbeitung von Textilien. Veredelungsverfahren.
49 S. ISBN 3-7783-0285-X. 21,00 DM

Petra Dietz
Erfolgsbuch Haushaltstechnik in der Hauswirtschaft
Wasser- und Energieversorgung, Entsorgung von Abwasser und Müll. Hinweise für Umweltschutz. Heizung, Lüftung, Klimatisierung. Lagerhaltung. Nahrungsmittelzubereitung. Textilbehandlung. Hausreinigung. Unfallgefahren und -verhütung. 192 S. ISBN 3-7783-0297-3. 38,80 DM

Claudia & Reinold Fischer
Umweltfreundliche Hauswirtschaft
Öko-Bilanz und Chemie im Haushalt. Umweltbewußt einkaufen, Müllreduzierung und Recycling, Energieeinsparung. Vollwerternährung, gesundes Wohnen. Biologisch Gärtnern. Umweltlexikon, Gefahrensymbole, Lösungsmittel. Chemiekalien. 3. Auflage1991. 224 S. Gebunden. ISBN 3-7783-0296-5. 39,80 DM

Wolfgang Fritscher
Volkswirtschaftslehre
Hauswirtschaft und Volkswirtschaft. Markt, Wettbewerb und Preise. Sozialprodukt, Leistung der Hausfrau, Lebensqualität. Arbeit, Geldpolitik und Sparen. Soziale Marktwirtschaft, internationale Wirtschaftsbeziehungen. 220 S. Gebunden. ISBN 3-7783-0256-6. 38,80 DM

Ortwin Frömsdorf
Hauswirtschaftsfibel
Kursbuch für die hauswirtschaftliche Berufsbildung über Ausbildung, Prüfung und Prüfungsaufgaben der Hauswirtschafterin sowie Fortbildung, Prüfung und Prüfungsaufgaben der Fachhauswirtschafterin (neu) und der Hauswirtschaftsmeisterin. Viele Hinweise und Tips. Rund 1500 Prüfungsfragen auf allen Gebieten der Hauswirtschaft. 3., aktualisierte und erweiterte Auflage 1992.
357 S. Gebunden. ISBN 3-7783-0318-X. 42,80 DM

Ortwin Frömsdorf
Erfolgsbuch für die hauswirtschaftliche Berufsbildung
Dargestellt ist das gesamte hauswirtschaftliche Grundwissen in rund 2000 Fragen und vollständigen Antworten. Sehr gut geeignet für ein systematisches Vertiefen, Wiederholen und zur Prüfungsvorbereitung. 5., überarbeitete Auflage 1993. 448 S. Gebunden. ISBN 3-7783-0327-9. 49,80 DM

Ortwin Frömsdorf
Spezielles hauswirtschaftliches Erfolgsbuch für Berufs- und Arbeitspädagogik
Das Wissen über Berufs- und Arbeitspädagogik in Frage- und Antwortform für Wiederholung und Lehrgangsbegleitung, sowie in einem Berufs- und arbeitspädagogischen Lexikon. Anhang mit hauswirtschaftlichen Verordnungen. 304 S. Gebunden. ISBN 3-7783-0229-9. 42,80 DM

Ortwin Frömsdorf
Grundzüge des Rechts- und Sozialwesens
Wichtige Rechtsvorschriften für die Familie. Hauswirtschaft und Scheidungs-, Arbeits- und Sozialrecht. Versicherungsrecht und Steuerregelung in der Hauswirtschaft. Verbände und Institutionen in der Hauswirtschaft. 144 S. Gebunden. ISBN 3-7783-0264-7. 36,80 DM

Heino Herrmann
Nahrungsmittelzubereitung und Ernährungslehre
Eingeteilt in fachpraktischen und fachtheoretischen Teil. Arbeitslehre, Garverfahren und -methoden, Teige und Massen, Tiefkühlkost. Nährstoffe und Verdauung, moderne Diätetik, Vollwertkost, Hygiene, Konservierung. 124 S. ISBN 3-7783-0263-9. 48,80 DM

Barbara Stock

Mehr wissen – mehr können

Lernkartei: Ernährungslehre

Orientiert an den aktuellen Lehrplänen für hauswirtschaftliche Berufe hat die Autorin eine umfangreiche Materialsammlung von ca 740 Fragen, Lösungen und Erläuterungen zu den wichtigsten Themenbereichen der Ernährungslehre im Unterricht erprobt und zusammengestellt. Ein besonderes Anliegen ist es ihr, selbständiges und selbstgesteuertes Lernen zu ermöglichen.

Zielgruppen sind insbesondere SchülerInnen von Berufsschulen, Berufsfachschulen, beruflichen Gymnasien und TeilnehmerInnen an Vorbereitungslehrgängen für die Abschlußprüfung in hauswirtschaftlichen Berufen. Die Kartei hat sich in der Erprobung als besonders geeignetes Hilfsmittel für Lernende, die sich auf den Prüfungsstoff durch Fragen und Antworten vorbereiten, erwiesen.

Wer spielerisch in Gruppen den Lernstoff vermitteln oder erlernen möchte, für den bieten die Karten, kombiniert mit einer Spielvorlage, die auf Fragen und Antworten basiert, durchaus die Möglichkeit, sie nach Schwierigkeitsgrad ausgewählt zu verwenden.

1. Auflage I. Quartal 1994.

Schneider Verlag Hohengehren
Wilhelmstraße 13
73666 Baltmannsweiler

Barbara Stock

Lehrmaterialien für die hauswirtschaftliche Berufsausbildung

Medienpaket 4: Umweltbewußte Pflege von Garten und Zimmergrün

Ökologische Ziele und Formen der Gartengestaltung werden präzise und übersichtlich vorgestellt.

Die dabei zu berücksichtigenden Standortfaktoren und Maßnahmen bei Bodenbearbeitung, Düngung, Pflanzenanbau und Pflanzenbehandlung werden beschrieben und begründet. Im Medienteil befinden sich Arbeitsblätter und Lösungen zur Ergänzung, Vertiefung, Zusammenfassung, Wiederholung und Kontrolle der Unterrichtsinhalte.

Die Folien dienen vor allem der Veranschaulichung, der Konkretisierung, der Motivation und der visuellen Einprägung.

1. Auflage 1992.

Hrsg. Deutscher Hausfrauenbund e. V.
Schneider Verlag Hohengehren
Wilhelmstraße 13
73666 Baltmannsweiler

ISBN 3-87116-276-0 · 39,80 DM.